CONRAD LERCHENFELDT

»Immer
ist es
Liebe,
die
gewinnt«

CONRAD LERCHENFELDT

»Immer ist es Liebe, die gewinnt«

HELENE FISCHER
DIE BIOGRAFIE

riva

Bibliografische Information der Deutschen Nationalbibliothek
Die Deutsche Nationalbibliothek verzeichnet diese Publikation in der Deutschen Nationalbibliografie.
Detaillierte bibliografische Daten sind im Internet über http://dnb.d-nb.de abrufbar.

Für Fragen und Anregungen
info@rivaverlag.de

3. Auflage 2019

© 2014 by riva Verlag, ein Imprint der Münchner Verlagsgruppe GmbH,
Nymphenburger Straße 86
D-80636 München
Tel.: 089 651285-0
Fax: 089 652096

© Copyright der deutschen Originalausgabe 2014 by riva Verlag. Dies ist eine
überarbeitete Neuausgabe des 2014 erschienen Titels *Helene Fischer*.

Redaktion: Palma Müller-Scherf, Ronit Jariv
Umschlaggestaltung: Maria Wittek
Umschlagabbildung: picture alliance/SuccoMedia/Ralf Succo
Satz: Geraldine Schaefer; inpunkt[w]o, Haiger (www.inpunktwo.de)
Druck: GGP Media GmbH, Pößneck
Printed in Germany

ISBN Print 978-3-7423-0810-8
ISBN E-Book (PDF) 978-3-7453-0540-1
ISBN E-Book (EPUB, Mobi) 978-3-7453-0541-8

Weitere Informationen zum Verlag finden Sie unter

www.rivaverlag.de

Beachten Sie auch unsere weiteren Verlage unter www.m-vg.de

INHALTSVERZEICHNIS

Inhalt

VORWORT

Sie wurden gesucht, gefunden und vergessen. Seit mehr als einem Jahrzehnt widmet sich ein Millionenpublikum der ewigen Suche nach dem neuen Supertalent, dem neuen deutschen Pop- oder Superstar. Diejenigen, die auf diese Weise gefunden wurden, konnten das Scheinwerferlicht jedoch meist nur kurz genießen. Heute verdienen sie ihr Geld als Lehrer oder geben Gitarrenkurse – wenn sie Glück hatten. Andere freuen sich, wenn sie vielleicht mal wieder bei einer Baumarkteröffnung singen dürfen. Gleichzeitig aber steht das Jahrzehnt der Castingshows für die Erfolgsgeschichte eines echten deutschen Superstars. Der überließ seine Karriere allerdings nicht einer wie auch immer gearteten Jury. Als Deutschlands Castingstar den mittlerweile weitgehend vergessenen Namen Elli Erl trug und sich ein gewisser Tobias Regner aufmachte, in deren Fußstapfen zu treten, absolvierte eine junge Frau mit dem Namen Helene Fischer im Jahr 2005 ihren ersten Fernsehauftritt. Dabei tat sie etwas, das seinerzeit vor den Augen wohl jeder hyperaktiven Megastar-Jury zum sofortigen Wertungsausschluss geführt hätte. Statt Coverversionen internationaler Popsongs zu trällern, sang sie an der Seite von Florian Silbereisen ein Medley ungarischer Lieder, und das auch noch in einer Sendung, die den Titel *Das Hochzeitsfest der Volksmusik* trug.

Das Ganze dauerte keine fünf Minuten. Die Medien und Meinungsmacher des Landes nahmen trotz der mehr als sechs Millionen Fernsehzuschauer kaum Notiz davon. Und doch geriet nach diesem 14. Mai etwas ins Rollen, dessen tatsächliches Ausmaß sich erst Jahre später zeigen sollte.

Die von der Öffentlichkeit damals noch weitgehend ignorierten Anhänger des Schlagers und der Volksmusik nahmen den Premierenauftritt der Zwanzigjährigen nämlich sehr wohl wahr und reagierten begeistert.

Über ein Jahrzehnt später sieht die Welt in jeder Hinsicht anders aus, auch die Welt der unverändert andauernden Superstar-Suche. Dort orientiert man sich mittlerweile nicht mehr allein daran, ein deutsches Pendant zu den international erfolgreichen Größen zu entdecken. Niemand fahndet mehr ernsthaft nach einer deutschen Lady Gaga, einem neuen Robbie Williams aus Gelsenkirchen oder Wuppertal. Stattdessen versucht man nun, ein Stück vom plötzlich so verlockend erscheinenden Schlagerkuchen abzubekommen. Und so brachte die immer noch größte deutschsprachige Casting-Maschine nach unendlich erscheinender Suche tatsächlich noch ein Erfolgsmodell hervor: Beatrice Egli. Eine Schweizer Sängerin, die damit beworben wurde, dass sie die neue Helene Fischer sei. Doch auch abseits der Castingwelt gingen seitdem immer wieder neue Schlagersterne auf und feierten überraschende sowie anhaltende Erfolge. Die Namen hinter diesen Erfolgen kennen außerdem nicht nur eingefleischte Schlagerliebhaber: Eine Vanessa Mai oder auch eine Kerstin Ott stehen vielmehr für ganz eigene und beständige Erfolgsgeschichten. Selbst etablierte Stars wie Maite Kelly haben längst den Schlager als Erfolgsmodell für sich erkannt.

Hinter all dem aber steht ausnahmslos der Name Helene Fischer. Denn deren Erfolg übertrifft inzwischen das lange Zeit Vorstellbare. Die junge Frau, die einst im orange glänzenden Abendkleid Volksweisen sang, war zum größten Star aufgestiegen, den das Musikgeschäft seit langer Zeit vorzuweisen hatte. Gleichzeitig hatte sie, wie auch die ähnlich erfolgreiche Andrea Berg, den betulichen deutschen Schlager modernisiert und ihm neue Zielgruppen erschlossen. Was noch vor wenigen Jahren als Musik der Generation sechzig plus galt, ist heute bei Menschen aller Altersgruppen akzeptiert – allerdings vor allem dann, wenn der Begriff Schlager gemeinsam mit dem Namen Helene Fischer genannt wird. Die hat in der Zwischenzeit Millionen von Alben verkauft, Hunderttausende reißen sich um Tickets für ihre Live-Auftritte in den größten Hallen, wo sie eine Show geboten bekommen, die sich längst mehr an Las Vegas als an einer von Kritikern weiterhin zitierten Schlager-Heimeligkeit orientiert.

Mit dem sagenhaften Erfolg ist natürlich auch das Interesse an der Person Helene Fischer gewachsen. Unzählige Male wurde inzwischen die Frage gestellt, wer Helene Fischer wirklich ist. Vor allem die landläufig als kritisch geltenden Medien mochten sich nicht mit dem Image der Makellosigkeit begnügen, das dem Star anhängt. Doch wer auch immer sich bemühte, hinter das zu blicken, was er als reine Fassade vermutete, der scheiterte. Statt die von den Medien suggerierten – oder wahrscheinlich sogar erhofften – Abgründe aufzutun, stießen sie immer nur auf das, was Helene Fischer von sich selbst stets behauptete: dass sie genau so ist, wie sie sich gibt. Dass sie niemandem etwas vorspielt, nicht vorgibt, jemand zu sein, den es in Wahrheit gar nicht gibt. Den Medien blieb schließlich nichts anderes übrig, als mit der Erkenntnis einer Nichtkenntnis ihre Schlagzeilen zu füllen. Helene Fischer wurde zur Miss Makellos, zu Germanys Goldkehlchen und zu einer Person, der man mangels anderer Formulierungen auch schon mal die Frische einer Tannennadel als Eigenschaft anhängte.

Trotzdem wurde unentwegt weiter nachgefragt, aber Helene Fischer wurde nicht müde, die immer gleichen Fragen zu beantworten – was sie weiterhin stets freundlich und geduldig tat. Ihre Aussagen zu Privatem wurden allerdings im Laufe der Jahre zusehends zurückhaltender. Dabei gibt es über Helene Fischers vierunddreißigjähriges Leben durchaus so einiges zu erzählen.

KAPITEL I

Von hier bis unendlich

Der Augenblick:
Tränen für die Chance

Als Helene Fischer von ihrer großen Chance erfuhr, brach sie in Tränen aus. Nicht vor Freude, sondern aus Unsicherheit und vielleicht auch aus Furcht.

Gerade einmal 20 Jahre alt war sie an jenem Tag. Eben erst hatte sie ihre dreijährige Ausbildung zur Musical-Darstellerin abgeschlossen, träumte von der großen Bühne und bewunderte internationale Stars wie Céline Dion. Nun zeigte sogar ein renommierter Manager starkes Interesse an einer Zusammenarbeit mit der gerade dem Teenageralter entwachsenen Frau, nachdem er ihre Probeaufnahmen gehört hatte. Doch was der vorschlug, entsprach so gar nicht ihren Träumen und Vorstellungen. Nicht die erfolgreichen Musicals sollten ihre Zukunft sein, auch nicht die Popmusik und schon gar nicht englischsprachige Texte. Was der Mann ihr vorschlug, lag weit entfernt von allem, was sie sich bis zu diesem Augenblick für ihre Zukunft erträumt hatte. Sie sollte deutsch singen, sollte in die Fußstapfen von Schlagergrößen wie der damals erfolgreichen Michelle oder Andrea Berg treten. Mehr noch: Als Sprungbrett sollte ausgerechnet ein Auftritt in einer Volksmusiksendung dienen, in der sie gemeinsam mit dem Moderator ein Operetten-Medley zu singen hatte.

Das waren die Gedanken, die der jungen Helene Fischer durch den Kopf gingen, als sie nach dem Gespräch mit ihrem späteren Manager wieder im Auto saß – jenem privaten Raum, in dem sie so gerne die Pop-Balladen mitsang, die sie im Radio hörte. Genau das war doch die Musik, die sie liebte, die sie so gerne selber machen wollte. Und davon sollte sie sich nun verabschieden. Schlager statt Pop, Volksmusik statt bewegender Balladen.

Helene Fischer zweifelte – und weinte. Ihr wurde eine Chance geboten, eine Möglichkeit, auf die viele ihrer Mitschüler an der Frankfurter Stage & Musical School vielleicht ihr Leben lang vergeblich warteten. Ein Fernsehauftritt, danach eventuell auch Plattenaufnahmen, die Zusammenarbeit mit Komponisten, Textern und Managern, die auf jahrzehntelange Erfahrung verweisen konnten. Die schon Erfolge feierten, als Helene Fischer nicht einmal geboren war. Auch sie konnte sich ausrechnen, dass dies zumindest einen ersten Schritt für ihre bis dahin noch gar nicht existente Karriere bedeuten könnte – auch wenn niemand jetzt schon in der Lage war zu sagen, wie erfolgreich dieser Schritt am Ende sein würde.

Aber wollte sie das wirklich? Wollte sie sich von ihren Plänen und Träumen verabschieden? Wollte sie Schlager singen?

Schließlich war das eine Musik, die im Jahr 2004 vor allem von der jungen Generation belächelt wurde – wenn man sie denn überhaupt wahrnahm. Schlager, das war volkstümliche Schunkel- und Schenkelklopf-Musik im Stil von *Lebt denn der alte Holzmichel noch?*, oder es war eine Karikatur, wie sie Sänger vom Schlage eines Guildo Horn und Dieter Thomas

Kuhn darboten. Gleichzeitig zeigte sich zu jener Zeit, dass deutsche Musik auch funktionieren konnte, wenn sie ohne den Zwang mitzuklatschen auskam. Erst zu Jahresbeginn hatten die Deutschrocker von Oomph mit *Augen auf!* monatelang die Charts regiert, hatte Rosenstolz mit *Liebe ist alles* bewiesen, dass die große Ballade auch mit deutschem Text existierte. Yvonne Catterfeld feierte mit *Du hast mein Herz gebrochen* einen weiteren Erfolg in deutscher Sprache, und das weit ab von bekannten Schlagerklischees.

Das alles waren Künstler, deren Weg sicher auch eine Helene Fischer gerne eingeschlagen hätte. Doch genau dies sollte ihr nun verwehrt bleiben. Sie würde keine Titel von Céline Dion oder gar Britney Spears interpretieren, würde auch nicht Teil einer vielleicht zweiten Neuen Deutschen Welle werden, zu der im Jahr 2004 auch die Band Juli mit *Perfekte Welle* gehörte.

Sie würde mit Menschen arbeiten, die schon Rex Gildo gemanagt, die Lieder für längst verblasste Größen wie Costa Cordalis oder Ireen Sheer komponiert hatten.

Es fällt nicht schwer nachzuvollziehen, dass solche Überlegungen, solche Vergleiche bei Helene Fischer die Tränen fließen ließen. Sie war noch so jung, ihr komplettes Leben lag vor ihr – und doch sollte sie eine Rolle übernehmen, die sie nie zuvor für möglich gehalten hätte. Sie, die von Kindesbeinen an davon geträumt hatte, im Rampenlicht zu stehen. Helene Fischer war in diesem Moment nicht wirklich verzweifelt, aber sie haderte, war sich nicht sicher, ob sie diesem vorbestimmten Weg folgen sollte, wie weit sie gehen sollte.

Was aus diesen Anfangsbedenken geworden ist, das weiß heute jeder, dem der Name Helene Fischer etwas sagt. Sie hat schnell aufgehört zu zweifeln, hat sich entschieden. Helene

Fischer folgte dem Rat und dem Wunsch ihres Managements. Vielleicht auch mit dem Hintergedanken, dass der Moment schon kommen würde, an dem sie ihren weiteren Weg selbst bestimmen und ihre eigenen Wünsche durchsetzen konnte. So wie sie es in ihrem Leben eigentlich immer schon getan hatte. Denn die Zwanzigjährige hatte bereits eine Wegstrecke hinter sich, die vielleicht dreimal so lang war wie bei anderen in ihrem Alter. Ihr Weg hatte rund 6500 Kilometer weiter östlich seinen Anfang genommen.

Russisches Medley: Zwischen Wolga und Sibirien

Wird Helene Fischer heute in Interviews nach ihrer Herkunft gefragt, dann fasst sie sich in der Regel äußerst kurz. Sie sei am 5. August 1984 in Karsnojarsk im fernen Sibirien geboren worden.

Nichts gibt sie von der Geschichte preis, die sich hinter diesen dürftigen Fakten verbirgt: einer Geschichte voller Leid und Entbehrungen, die vor fast 350 Jahren begann.

Am Anfang dieser Geschichte steht die russische Zarin Katharina II., besser bekannt als Katharina die Große. Die Regentin besaß deutsche Wurzeln und wurde als Sophie Auguste Friederike von Anhalt-Zerbst geboren. Kaum 16 Jahre alt heiratete sie den russischen Thronfolger und wurde im Jahr 1762 schließlich selbst zur Zarin, der Kaiserin von Russland – und eine bis heute berühmte Person der Zeitgeschichte.

Viel wird über ihr Wirken als Herrscherin erzählt. In Vergessenheit gerieten dabei jedoch jene Überlegungen, die den Anfang ihrer Regentschaft bestimmten. Katharina II. suchte nach Möglichkeiten, wie sie die Bevölkerung in den unendlich weiten und dünn besiedelten Regionen ihres riesigen Reiches vergrößern könnte.

Eine ihrer Überlegungen wurde bereits ein Jahr nach ihrer Machtübernahme umgesetzt: Mit dem sogenannten Einladungsmanifest vom 22. Juli 1763 warb sie vor allem im Ausland um neue Siedler, die sich in Russland niederlassen sollten – nicht zuletzt in ihrer eigenen alten Heimat. So wurde den Menschen in den deutschen Fürstentümern der Umzug in das unbekannte Land schmackhaft gemacht. Das Angebot hörte sich für die einfachen Leute jener Zeit sicher verlockend an. Katharina II. gewährte ihnen nicht nur Religionsfreiheit, sie versprach auch Geld, das den Start in der neuen Heimat erleichtern sollte, und darüber hinaus 30 Jahre Steuerfreiheit. Mehr noch – alle Siedler wurden vom Militärdienst befreit, durften sich selbst verwalten und auch weiter die deutsche Sprache pflegen. Diese Offerte kam an.

Allein in den ersten drei bis vier Jahren nach Veröffentlichung der Einladung sollen sich rund 30 000 Deutsche auf den Weg nach Osten gemacht haben, dazu weitere Siedler aus Frankreich, den Niederlanden und anderen Nationen. Schließlich war neben den beschriebenen Vorteilen auch die Fläche verlockend, über die jeder verfügen sollte. Da in Russland Land im Überfluss zur Verfügung stand, versprach die Kaiserin jedem neuen Siedler dreißig Hektar Land, das er bewirtschaften konnte – nicht weniger als 300 000 Quadratmeter.

Allerdings konnten sich die neuen Bürger nicht irgendwo im Riesenreich im Osten niederlassen. Ein Großteil der ihnen zugedachten Siedlungsplätze befand sich im Umkreis der Stadt Saratow an der Wolga, dem mit 3530 Kilometern längsten Fluss Europas.

Kaum einer derjenigen, die das Angebot der Kaiserin annahmen, wusste etwas über das Land Russland – geschweige denn darüber, welche beschwerliche Reise ihm bevorstand. Wer sich im 18. Jahrhundert aufmachte und ein Tausende Kilometer entferntes Ziel ansteuerte, der konnte beileibe nicht sicher sein, dass er auch je dort ankommen würde. Als Transportmittel standen Karren und Kutschen zur Verfügung, wer sich aufwärmen wollte, musste unterwegs ein Lagerfeuer entfachen, denn vor Wind und Regen schützten nur dünne Planen. Für die Aussiedler war die Reise in vielerlei Hinsicht lebensgefährlich: Immer wieder kam es zu Unfällen, Krankheiten grassierten und zu essen gab es unterwegs auch nicht regelmäßig etwas. Tausende sollten ihr Ziel deshalb nicht erreichen.

Jedoch auch bei denjenigen, die die Strapazen überstanden, währte die Freude nicht lang. Schnell stellte sich heraus, dass die russischen Anwerber bei den Lobpreisungen der neuen Heimat deutlich übertrieben hatten.

Wer von einem Leben inmitten blühender Landschaften geträumt hatte, wurde bitter enttäuscht. Bis heute sind Berichte von Zeitzeugen erhalten, die das Entsetzen bei der Ankunft wiedergeben. Da wird erzählt, wie der Tross der Wagen eines Tages im unendlichen Nichts stoppte und man den Neuankömmlingen verkündete, dass sie ihr Ziel erreicht hätten. Ein Ort, der aus kaum mehr als einer mit zähem Gras bewachsenen Steppe bestand. Doch eine Wahl hatten die Siedler nicht: Niemand konnte einfach umkehren, kaum jemand hätte noch einmal die Strapazen einer Reise zurück in die Heimat überlebt. Außerdem stand der berüchtigte russische Winter bevor. Wer überleben wollte, der hatte keine Zeit für Beschwerden, sondern musste für sich und seine Familie so schnell es irgend möglich war eine Behausung errichten, die für die eisigen Monate Schutz bot.

Nicht alle schafften dies rechtzeitig, einige verspätete Neuankömmlinge starben. Auch die kommenden Sommer brachten statt Sicherheit und guten Ernten zusätzliche Gefahren: Immer wieder fielen feindliche Reiterhorden in das Gebiet ein, plünderten die Höfe und töteten die Bewohner. Trotzdem schafften es die zahlenmäßig deutlich dezimierten Auswanderer: Die Überlebenden setzten sich gegen die Natur und ihre Feinde durch, errichteten als Wolgadeutsche entlang des namensgebenden Flusses im Laufe der Zeit mehr als 100 Dörfer. Dass sie auch weiterhin gedanklich eng mit ihrer ursprünglichen Heimat verbunden blieben, dafür steht die Tatsache, dass all diese Dörfer überwiegend deutsche Namen erhielten. An der Wolga gründete man Orte wie Bäckerdorf oder Blumenfeld, nannte andere Holstein, Mannheim, Morgentau oder Neu Weimar.

Ein Ortsname fiel im Zusammenhang mit Helene Fischer schon häufiger: Straßburg. Immer mal wieder erzählt die Sängerin, dass ihre Großeltern in Straßburg geboren wurden. Wohl jeder denkt da zunächst an die elsässische Stadt im heutigen Frankreich. Doch Straßburg gehörte nicht immer zu Frankreich: Als Hauptstadt des sogenannten Reichslandes Elsass-Lothringen war Straßburg zwischen 1871 und 1918 ein Teil Deutschlands beziehungsweise des damaligen Deutschen Reichs.

Doch es ist nicht das einzige Straßburg. Die Wolgadeutschen benannten ebenfalls eines ihrer neu gegründeten Dörfer nach der Stadt im Elsass – ein Ort namens Fischer existierte an der Wolga übrigens auch.

Nach den unerwartet harten Anfängen in Russland beruhigte sich die Lage der deutschen Kommune an der Wolga in den folgenden Jahrzehnten. Mit sprichwörtlicher deutscher Gründlichkeit machten die Siedler das karge Land urbar.

Nach unvorstellbaren Mühen ernteten sie dann so viel, dass sie immer mehr Menschen ernähren konnten – mit der Folge, dass die Zahl der deutschen Siedler im Russischen Reich bis zum Beginn des 20. Jahrhunderts auf geschätzte 600 000 anstieg.

Zu diesem Zeitpunkt war das Leid der Vorväter längst weitgehend vergessen – jedoch eine neue und weitaus grausamere Katastrophe stand den Wolgadeutschen bevor.

Vorher gab es noch einmal gute Nachrichten: Nach dem Ersten Weltkrieg erkannte die damalige Regierung die Wolgadeutschen als eigenständiges Volk an. Sie stellten eine Gruppe dar, die sich durch eine gemeinsame Sprache und auch kulturelle Eigenschaften auszeichnete. Die Folge: Man gewährte der Volksgruppe eine begrenzte Eigenständigkeit. Aus der von Deutschen besiedelten Region an der Wolga wurde die Autonome Sozialistische Sowjetrepublik der Wolgadeutschen. Mit der Führung der neuen deutsch-russischen Kleinrepublik wurde ein gewisser Ernst Reuter betraut. Der war damals bereits ein leidlich bekannter Politiker. Doch erst nach dem Zweiten Weltkrieg gelangte er als Berliner Bürgermeister zu internationaler Berühmtheit, als er während der Blockade Berlins den unvergessenen Satz äußerte: *Völker der Welt, schaut auf diese Stadt.*

Bis dahin jedoch sollte sich die Situation an der Wolga vollkommen verändert haben. Um 1920 kam es im gesamten Land zu Hungersnöten. Fast 100 000 Wolgadeutsche flüchteten in andere Regionen oder zurück nach Deutschland, fast 50 000 starben vor allem an Hunger.

Auf den Hunger folgten Aufstände. Und als sich die Lage wieder beruhigt zu haben schien, kam in Deutschland Adolf Hitler an die Macht, was zu stärkerem Druck des kommunistischen Regimes auf die Deutschstämmigen führte.

Doch wirklich bedrohlich wurde die Lage für die Bevölkerung erst 1941. Am 22. Juni des Jahres begann der Angriff Deutschlands auf die Sowjetunion – in dessen Folge auch Helene Fischer als Nachfahrin von Wolgadeutschen eben nicht an dem großen Fluss, sondern im fernen Krasnojarsk auf die Welt kommen sollte.

Im August 1941 gab die sowjetische Führung einen Erlass heraus, in dem die gesamte deutsche Bevölkerung des Landes der Kollaboration beschuldigt wurde. Jeder Deutschrusse wurde also des Vergehens bezichtigt, mit den kriegerischen deutschen Eindringlingen zusammenzuarbeiten. Man ließ sogar verlauten, sichere Informationen darüber zu besitzen, dass Tausende Wolgadeutsche als Spione im Nazi-Auftrag aktiv waren, Sabotageakte verübten und eben mit den Eindringlingen gemeinsame Sache machten. Mit Beweisen für die Vorwürfe mochte man sich nicht aufhalten, sondern bezeichnete die Wolgadeutschen stattdessen pauschal als Feinde der Sowjetunion.

Der Erlass und die Verdächtigungen gingen vor allem auf den damaligen Diktator Josef Stalin zurück, der übereinstimmend als krankhaft misstrauisch beschrieben wird. Das Misstrauen und seine Unterstellungen gingen so weit, dass er zunächst sogar auf diejenigen Russlanddeutschen verzichtete, die in der ohnehin schon durch den deutschen Angriff geschwächten Roten Armee ihren Dienst taten – rund 100 000 Russlanddeutsche mussten bis Ende 1941 ihren Dienst in der Armee quittieren.

Danach erwartete sie das gleiche Schicksal wie die übrigen Deutschen im Land. Um ihnen die angebliche Kooperation mit der immer weiter vordringenden Wehrmacht zu erschweren, griff man zu einem Mittel, das man als das einfachste erachtete: Man erhöhte die räumliche Distanz zwischen

Eindringlingen und Russlanddeutschen. Während also die Wehrmacht von Westen vorrückte, wurden die Russlanddeutschen nach Osten verfrachtet. Und Osten, das hieß in diesem Fall Kasachstan, Ural, vor allem aber Sibirien – jene kaum besiedelte Region, die gemeinhin mit Unwirtlichkeit und einer nicht vorstellbaren Kälte verbunden wird.

Eine derart große Menschengruppe in einen anderen Landesteil zu transportieren, lässt natürlich die unterschiedlichsten Szenarien vermuten. Man könnte ihnen die Reise selbst überlassen haben oder sie mit einem gewissen Grad an menschlicher Würde ziehen lassen. Tatsächlich aber wurden die Menschen behandelt wie Vieh – und zwar wie solches, von dem man sich keinen Nutzen mehr versprach.

Die Wolgadeutschen wurden in unbeheizte Viehwaggons gepfercht, über Hunderte und Tausende Kilometer nach Osten befördert und dort im Grunde einfach aus den Waggons gejagt.

Wieder einmal standen die Einwanderer, wie schon 300 Jahre zuvor ihre Vorväter, vor dem Nichts, das jedoch noch um ein Vielfaches grausamer war. Sie fanden sich nicht im Gras der Steppe wieder, sondern an einem der eisigsten Orte. Hatten die ersten Deutschen in Russland noch genügend Zeit, sich für den bevorstehenden Winter zu rüsten und Hütten zu bauen, gruben sich die Verbannten in den vierziger Jahren des 20. Jahrhunderts mit den Händen in den gefrorenen Boden ein, suchten in den so geschaffenen Höhlen Schutz vor der beißenden Kälte.

Wer damals Glück hatte, der fand Zuflucht in einer Kolchose und fristete fortan sein Dasein als Arbeitssklave. Denn mit der Vertreibung aus der langjährigen Heimat verloren die Wolgadeutschen auch ihre Rechte, ihr Eigentum wurde eingezogen. Wieder einmal starben die Deutschen in

Russland zu Tausenden und zu Hunderttausenden. Niemand hat jemals die Zahl derjenigen genau erfasst, die in jenen Jahren ihr Leben ließen. Schätzungen jedoch belaufen sich auf etwa 700 000 Tote.

Wer, wie Helene Fischers Familie, überlebte, konnte lange Zeit kaum auf Besserung seiner Lebensbedingungen hoffen. Der Alltag bestand in der Regel aus zu wenig Nahrung und kaum vorhandener medizinischer Versorgung in Kombination mit Schwerstarbeit, die schon Jugendliche zu verrichten hatten.

Konnten sie bis zu dieser Zeit ihre deutschen Traditionen pflegen und die Sprache ihrer Ahnen sprechen, so änderte sich nun auch das. Deutsch zu sein, das war in der Sowjetunion jetzt nicht nur unerwünscht, sondern lebensgefährlich. Das Deutschsein wurde von oberster Stelle im Grunde verboten. Lernten die Kinder in den Schulen der Dörfer entlang der Wolga noch völlig selbstverständlich die deutsche Sprache, stand nun Russisch auf dem Lehrplan – jedenfalls für die wenigen Kinder, die überhaupt die Chance für einen Schulbesuch bekamen.

Für die Erwachsenen war es zudem schon ein Risiko, sich in ihrer Muttersprache zu unterhalten: Deutsch zu sprechen, das barg die Gefahr, als Faschist und damit als Feind eingestuft und gebrandmarkt zu werden.

Heute weiß man, dass der deutsche Einmarsch in die Sowjetunion ins Stocken kam. Spätestens mit der vernichtenden Niederlage der Deutschen Wehrmacht bei Stalingrad wurde aus dem brutalen Angriffskrieg ein nicht minder mörderischer Rückzug. Am Ende gab es auf beiden Seiten Millionen Tote, Deutschland wurde vernichtend geschlagen und kapitulierte 1945.

Die Probleme für die einstigen Wolgadeutschen im fernen Sibirien waren damit jedoch nicht vorbei. Noch Jahre nach

Kriegsende blieb die Stimmung ihnen gegenüber meist äußerst feindlich – zwar hatten sie kaum etwas mit dem Krieg zu tun gehabt, doch die Sowjetbevölkerung sah in ihnen jenes Volk, das für den Tod von bis zu 40 Millionen Sowjetbürgern verantwortlich war.

Davon, dass sie irgendwann einmal zurück in ihre Heimat an der Wolga ziehen dürften, wagten sie nicht einmal mehr zu träumen. Noch im Jahr 1948 ordnete das Präsidium des Obersten Sowjets an, dass die Verbannung der Wolgadeutschen weiter Bestand haben sollte, und zwar, wie es hieß, »auf ewige Zeiten«.

Die in Sibirien lebenden Deutschen sahen sich also auch lange nach dem Krieg noch strengen Maßregelungen und immer wiederkehrenden Anfeindungen ausgesetzt. Sie unterlagen Ausgangsbeschränkungen, mussten sich regelmäßig bei den staatlichen Stellen melden. Wer seinen Wohnort – besser gesagt die Stätte seiner Zwangsansiedlung – verließ, der riskierte, für Jahre in ein Arbeitslager verbannt zu werden, selbst wenn er sich eigentlich nur auf dem Weg zu einem Besuch im Nachbardorf befunden hatte.

Erste Besserungen für die derart gepeinigten Deutschen gab es erst, nachdem der damalige deutsche Bundeskanzler Konrad Adenauer die sowjetische Hauptstadt Moskau besucht hatte. Nun ließ sich das Regime zumindest zu kleinen Zugeständnissen für die Familien überreden. Die rechtlichen Beschränkungen der Bevölkerungsgruppe der ehemaligen Wolgadeutschen in den sogenannten Sondersiedlungen in Sibirien wurden größtenteils aufgehoben. An anderer Stelle blieb man jedoch hart: Die Genehmigung zur Rückkehr in ihre Dörfer entlang der Wolga wurde auch jetzt nicht erteilt und das während der Verbannung beschlagnahmte Vermögen erhielten die Familien ebenfalls nicht zurück. Nach außen hin

wurden die nach wie vor bestehenden Auflagen sogar noch
als Akt der Barmherzigkeit verkauft: Die Wolgadeutschen
hätten in ihrer neuen Heimat Sibirien Wurzeln geschlagen,
hieß es, daher wolle man ihnen keine erneute Umsiedlung
zumuten.

Tatsächlich fanden sich die meisten der Russlanddeutschen
zumindest teilweise mit ihrer Lage ab – weil ihnen kaum
etwas anderes übrig blieb. Sie konnten an ihrer Situation
verzweifeln, oder sie konnten versuchen, das Beste daraus
zu machen. In Sibirien lebten sie nun entweder in kleinen
Siedlungen mit größtenteils deutschstämmiger Bevölkerung
oder in den Städten in Vierteln, die ebenfalls überwiegend von
Landsleuten bewohnt wurden. Ihre deutsche Tradition konnten sie nur unter sich pflegen. Während es in den Dörfern
der einstigen Wolgarepublik bis zu 400 deutsche Schulen
gegeben hatte, wurde noch 1979 berichtet, dass in der gesamten Sowjetunion keine einzige solche Einrichtung mehr
existierte.Immerhin zwei positive Entwicklungen gab es zu
vermelden: Je länger die Kriegsjahre zurücklagen, desto mehr
schwanden auch die Vorbehalte der Russen gegenüber ihren
deutschen Mitbürgern. Nach und nach vermischten sich die
Bevölkerungsgruppen in den Dörfern der Verbannten mit
neu zugezogenen Sowjets. Zwar durften die Deutschen immer noch nicht zurück an die Wolga. Aber sie durften nun,
wenn auch noch begrenzt, zumindest ihren Aufenthalts- beziehungsweise Wohnort selbst wählen. Anfangs entschieden
sich nur wenige dafür, den beschwerlichen Weg der Ausreise
zurück nach Deutschland einzuschlagen – da er damals noch
mit großen Schwierigkeiten und nicht selten Jahrzehnte dauernden Wartezeiten verbunden war. Viele jedoch zogen zurück in die wenigen dichter besiedelten Orte Sibiriens. Vor
allem eine Stadt hatte eine gewisse Anziehungskraft für diese

Bevölkerungsgruppe: Krasnojarsk, der spätere Geburtsort von Helene Fischer.

Der Ort hat im vergangenen Jahrhundert eine erstaunliche Entwicklung durchlaufen. Lebten dort an der Schwelle zum 20. Jahrhundert kaum 30 000 Menschen, waren es im Jahr 1959 bereits mehr als 400 000. Und in der gesamten Region Krasnojarsk, die weitere Orte umfasst, wurden im selben Jahr nicht weniger als 66 000 Russlanddeutsche gezählt. Heute hat Krasnojarsk knapp eine Million Einwohner, der Anteil der Deutschstämmigen ist jedoch deutlich gesunken. Denn vor allem seit den späten achtziger Jahren des 20. Jahrhunderts wurden Millionen von Russlanddeutschen zu sogenannten Spätaussiedlern: Nach oft vielen Generationen in Russland kehrten die Familien zurück nach Deutschland, das sie immer noch als eigentliche Heimat empfanden, obwohl es ihnen völlig unbekannt war, sie noch nie einen Fuß dort auf den Boden gesetzt hatten – wie die Familie von Helene Fischer.

Sehnsucht:
Als das Eis schmolz

Der 5. August 1984 war ein Tag, wie ihn sich der Mitteleuropäer wohl kaum für Sibirien vorzustellen vermag. Es war ein herrlicher warmer Sommertag. Denn auch in Sibirien unterscheiden sich die Jahreszeiten, und zwar weit deutlicher, als es bei uns der Fall ist. Während in den Wintermonaten nicht selten Temperaturen unterhalb von minus 25 Grad Celsius erreicht werden, steigen die Quecksilbersäulen in den Thermometern vor allem zwischen Juni und August, häufig überschreiten sie sogar die Marke von 30 Grad plus. Und hält man sich während des Winters möglichst nur drinnen, in geheizten Räumen auf, verlagert sich das Leben während des trockenen und warmen Sommers fast vollständig nach draußen.

Doch das Kind, das Helene Fischers Mutter an diesem Tag zur Welt brachte, erlebte nicht nur im Hinblick auf das Wetter eine ungewöhnliche Wärme – Mitte der achtziger Jahre kündigte sich auch das langsame Ende des Kalten Krieges an. Das kommunistische Regime bröckelte. Denn im Jahr 1984 begann der Aufstieg eines Mannes, der schon bald die Welt verändern sollte.

Michail Sergejewitsch Gorbatschow war bereits seit 1980 Mitglied des Politbüros, des Führungsgremiums, der Kommunistischen Partei. Doch erst 1984 wurde das westliche Ausland auf ihn aufmerksam, das sowjetischen Würdenträgern immer noch mit Misstrauen begegnete. Eine entscheidende Begegnung bildete dabei ein Besuch des Politikers bei der damaligen Premierministerin Großbritanniens, Margaret Thatcher.

Thatcher zeigte sich beeindruckt von Gorbatschow und überzeugte daraufhin auch andere Staatsführer, dass nach der langen Herrschaft störrischer alter Männer in der Sowjetunion dort nun wirklich jemand sei, mit dem man reden könne.

Ein Jahr später übernahm Gorbatschow die Rolle des Generalsekretärs der Kommunistischen Partei in Moskau und stand damit an der Spitze des riesigen Reiches. Bald schon sollte sich zeigen, dass er es nicht bei freundlichen Worten gegenüber dem Westen beließ. Gorbatschow änderte die Politik seines Landes im Hinblick auf das Ausland vollkommen – und beeinflusste dadurch auch das Leben der kleinen Helene Fischer, die davon natürlich nicht das Geringste ahnen konnte.

Bis heute ist die Ära Gorbatschow vor allem von zwei Begriffen geprägt – Glasnost und Perestroika. Glasnost bedeutet Offenheit und beschreibt den neuen Stil einer Politik, die zu mehr Offenheit zwischen der Staatsführung auf der einen und der Bevölkerung auf der anderen Seite führen sollte. Perestroika wiederum heißt Umbau oder Umgestaltung und bezeichnet die Neuausrichtung des gesamten politischen wie gesellschaftlichen Systems der Sowjetunion. Doch Michail Gorbatschows neuer politischer Stil sollte nicht nur nach innen wirken.

Auch nach außen änderte Gorbatschow das Handeln der Sowjetunion und damit auch das Image des riesigen Reiches – das jedoch nach seiner Amtszeit in dieser Form gar nicht mehr existieren sollte. Denn Gorbatschow versprach dem Ausland nicht nur, dass er abrüsten und die Zahl der Kriegswaffen verringern wollte.

Vor allem kündete Gorbatschow 1988 an, dass die Mitgliedsstaaten des damaligen Warschauer Paktes künftig ihre Staatsform selbst bestimmen konnten – sie mussten sich also nicht mehr an den in der mächtigen Sowjetunion vorherrschenden Kommunismus anpassen. Der Warschauer Pakt stellte seinerzeit ein Verteidigungsbündnis dar, dem neben der Sowjetunion auch Länder wie Ungarn, Polen, die Tschechoslowakei oder die Deutsche Demokratische Republik (DDR) angehörten.

Gorbatschows Ankündigung war nicht weniger als der Startschuss für die vielen meist friedlichen Revolutionen jener Jahre, die das Bild in Europa dauerhaft änderten. Nicht zuletzt führte die Ära Gorbatschow dazu, dass das mehr als vier Jahrzehnte geteilte Deutschland wieder vereint wurde.

Als denkwürdigster Tag dieser Ära gilt der 9. November 1989, der Tag, an dem die Berliner Mauer fiel.

Tatsächlich begann an anderer Stelle das Zusammenwachsen Deutschlands schon früher. Besonders die mittlerweile von der deutschen Öffentlichkeit vergessenen Russlanddeutschen profitierten von Gorbatschows neuer Politik, von Glasnost und Perestroika. Sie sahen durch die Öffnung des Ostblocks endlich ihre Chance gekommen. Nun mussten sie sich nicht mehr durch den zuvor nicht selten Jahrzehnte dauernden, zermürbenden Kampf mit den Behörden um eine Ausreisegenehmigung quälen. Plötzlich ging alles viel einfacher und schneller vonstatten: Die Zahlen der sogenannten Spätaussiedler, die aus dem Osten zurück nach Deutschland zogen, stiegen ab dem Jahr 1988 sprunghaft an.

In jenem Jahr wagten auch die Eltern von Helene Fischer den Schritt in ein neues Leben. Vor allem aber war der Umzug ein lang gehegter Wunsch der Großeltern, die noch eine andere Heimat als das unwirtliche Sibirien kannten, in das sie wie so viele Wolgadeutsche 1941 deportiert worden waren. Für die Eltern war jedoch Krasnojarsk ihre Heimat, von der Welt hatten sie noch nicht viel gesehen. Die Rückkehr zu den Wurzeln klang für sie verlockend.

Helene Fischer kann sich heute an diese Zeit nicht mehr erinnern – zu klein war sie damals, zu viel ist inzwischen geschehen. Mal ganz abgesehen davon, dass es den uns heute bekannten Namen Helene damals offiziell noch gar nicht gab: Das kleine Mädchen hieß Елена Петровна Фишер – schließlich ist in Russland die kyrillische Schrift üblich und nicht wie bei uns das lateinische Alphabet. Selbst wenn dieser für die meisten vermutlich unlesbare Name in das lateinische Alphabet übertragen wird, unterscheidet er sich von dem Namen der Künstlerin, wie wir ihn heute kennen: Er lautete Jelena Petrowna Fišher.

Die Erklärung dafür liegt in den Bräuchen der Namensgebung im fernen Russland. Jelena ist schlicht die dort gebräuchliche Version von Elena, aus der schließlich in Deutschland Helen beziehungsweise Helene wurde.

Auch wenn sich Helene Fischer selbst nicht mehr an die
Zeit erinnert, in der sie diesen russischen Namen trug, so
gibt es doch eine Erinnerung. Als die Familie im Jahr 1988
mit den Großeltern sowie gemeinsam mit allen Verwandten,
den Tanten und Onkeln auswanderte, konnte sie nur das
Notwendigste mitnehmen. Niemand konnte auf dem Weg
in das weit entfernte und doch tief im Herzen irgendwie
bekannte Deutschland die Einrichtung oder andere sperrige
und schwere Dinge mitnehmen. Im Gepäck befanden sich die
wichtigsten Papiere, die nötigste Kleidung und einige wenige lieb gewonnene Erinnerungen. Eine Erinnerung, die als
Gegenstand den Weg von Krasnojarsk in den Westen fand,
war eine Musikkassette. Schließlich gab es zu jener Zeit weder
Internet noch CDs oder gar MP3-Player. Eine Musikkassette
stellte die modernste Form dar, mit der eigene Musik festge-
halten werden konnte.

Die Musikkassette, die Helene Fischer noch heute an ihre
Heimat erinnert, wurde aufgenommen, als das Kind gerade
zwei Jahre alt war, wie die Sängerin einmal berichtete. Und
dieses Tondokument beweist, dass schon damals musika-
lisches Talent in ihr schlummerte – ebenso wie eine teils
deutsche, teils russische Seele. Helene Fischer hat über diese Kassette gesagt, dass sie »der größte Schatz« sei, den die
Familie mitbrachte und den sie bis heute hütet: Zu hören ist
auf dem Band die Stimme der kleinen Helene, wie sie russische Volkslieder singt.

Als die Familie Sibirien verließ, befand sich diese Kassette zwar
im Gepäck, doch kaum angekommen, standen in der Realität
schnell ganz andere Dinge im Vordergrund. Verließen noch im
Jahr 1986 gerade einmal 758 Menschen die Sowjetunion, um
sich in Deutschland niederzulassen, gehörten die Fischers nun zu
einem wahren Heer von Spätaussiedlern: Im Jahr 1988 kamen

47 525 Russlanddeutsche zurück in das Land ihrer Vorfahren. Sie alle mussten sich erst einmal neu orientieren, kämpften überwiegend auch mit Sprach- oder Verständigungsproblemen, da der Gebrauch der deutschen Sprache inzwischen vollkommen ungewohnt war – vor allem aber mussten sie sich auf die Suche nach einer Bleibe und nach Arbeit machen.

Die Familie zog es nach Rheinland-Pfalz, wo man nach einem geeigneten Platz für sich suchte. Helene Fischer hat davon erzählt, dass sich die Familie auch in größeren Städten wie Mainz umsah, am Ende fiel die Wahl jedoch auf ein deutlich überschaubareres Umfeld, auf einen kleinen Ort.

Der Ort hieß Wöllstein und war vergleichbar mit vielen anderen Orten. Die Gemeinde zählte gerade einmal rund 4500 Einwohner und über sie gibt es wenig mehr zu erzählen, als dass sie im Rheinhessischen Hügelland liegt, vor langer Zeit einmal französisch war und sich dort im 16. Jahrhundert eine Poststation befand.

Vermutlich schuf all dies die richtige Umgebung für die Familie, um wieder »anzukommen«. Man stürzte sich nicht in den hektischen Alltag einer Metropole, sondern nutzte das beschauliche Umfeld, um langsam wieder das Deutschsein zu lernen, es aufzusaugen. Und auch, um den Kindern die Eingewöhnung möglichst leicht zu machen, indem sie Schritt für Schritt die unbekannte Kultur sowie vor allem die Sprache erlernten.

Schließlich berichtet Helene Fischer heute, dass den Eltern besonders dies sehr wichtig war: dass sie selbst und die Kinder sich möglichst zügig und nahtlos integrierten. Insgesamt sei sie »sehr deutsch aufgewachsen«, erzählt die Sängerin.

Die Eltern hätten den Weg nach Deutschland bewusst gewählt. Daher sei es ihnen auch wichtig gewesen, dass man nicht in der neuen Heimat bloß ankommt und dann hinter

verschlossener Wohnungstür im Grunde das aus Sibirien ge-
wohnte Leben fortsetzt. Stattdessen hätten die Mutter und der
Vater selbst sehr bald Sprachkurse belegt und auch die Kinder
immer dazu angehalten, deutsch zu reden.

Eine Folge davon ist, dass Helene Fischer selbst zwar bis
heute die russische Sprache – größtenteils – versteht, obwohl
sie nur über Grundkenntnisse verfügt. Was sie an Russischem
kann, ist das, was sie das Hausrussisch der Familie nennt – also
jene Vokabeln und auch Redewendungen, die im Alltag trotz
aller Veränderungen erhalten geblieben sind.

Gesungen wurde natürlich weiter im Hause – der Antrieb
dazu kam jedoch nicht in erster Linie von der kleinen Helene.
Vielmehr war es zunächst die große Schwester, für die das
Singen eine tägliche Übung bedeutete. Denn die, so erzählte
Helene Fischer einmal, kam jeden Tag von der Schule heim,
schaltete Musik ein und sang dazu Karaoke. Natürlich ließ
es sich Helene Fischer nicht nehmen und sang immer wieder
einmal mit.

Erinnert sich Helene Fischer heute an diese Zeit, dann erzählt
sie besonders gern von den Samstagen im Haus der Familie.
Dieser Tag galt grundsätzlich als Putztag, was bei den meisten
Kindern dieser Welt wohl weniger positive Erinnerungen hin-
terlassen würde.

Doch man putzte nicht nur, sondern kombinierte das mit
der Liebe zum Film und zur Musik. Besonders in Erinnerung
geblieben ist Helene daher ein Film, der diese beiden Faktoren
und dazu als drittes Merkmal das Putzen vereint.

Dieser Film trug den Titel *Hurra, die Schule brennt!* und
war Ende der achtziger Jahre im Grunde schon ein recht alter
Schinken. Produziert wurde die Komödie im Jahr 1969 und
zog nach der Premiere im Jahr darauf nicht weniger als vier
Millionen Menschen in die Kinos.

Und obwohl Helene Fischer eigentlich keine Schlager singen wollte, bestand diese frühkindliche Prägung via Fernsehbildschirm aus reinster und ursprünglicher Schlagermusik. Die Handlung des Films *Hurra, die Schule brennt!* drehte sich um den Lehrer Dr. Peter Bach, der immer wieder in Streiche von Schülern verwickelt wurde oder sie zumindest erlebte. Mal ließ eine Zigarre im Papierkorb eine Schule abbrennen, mal stellten die Schüler einen Ventilator auf, um den Rock einer Lehrerin anzuheben, mal wurde das Auto eines Kollegen im Physikunterricht zerlegt.

Doch das war nur ein Teil des Films, der andere war die Musik. Schließlich wurde der Lehrer Bach von niemand Geringerem gespielt als von Peter Alexander, der Sänger, Schauspieler und Showmaster in Personalunion war. Außerdem wurde Peter Bach von seinem Neffen Jan durch die Handlung begleitet, dargestellt von Heintje. Der junge Niederländer war zum Zeitpunkt der Dreharbeiten zwar erst 14 Jahre alt, doch bereits zwei Jahre zuvor hatte er mit einem einzigen Titel den deutschen Schlager für alle Ewigkeiten geprägt: *Mama* erschien im Oktober 1967 und wurde zur meistverkauften Single des Folgejahres.

Natürlich sang Heintje auch in dem Film *Hurra, die Schule brennt!* – und zwar vornehmlich gemeinsam mit dem 30 Jahre älteren Peter Alexander. Der Schlager, an den sich Helene Fischer bis heute erinnert, trug den Titel *Immer wieder*. Was es mit diesem *immer wieder* auf sich hatte, das machte die erste Textzeile des Liedes deutlich: *Immer wieder kommt ein neuer Frühling.* Gezeigt wurden dabei die beiden Schauspieler, während sie mit Staubsauger und Putzlappen in der Wohnung arbeiteten – es war also Zeit für den Frühjahrsputz.

Kein Wunder, dass dieses Lied im Hause vor allem an den Samstagen gesungen wurde: Man gestaltete den eintönigen Wohnungsputz angenehmer, indem man den eingängigen Schlager trällerte.

Doch Helene Fischers Eltern beließen es nicht bei einer derart einfachen musikalischen Ausbildung. Die jüngste Tochter sollte mehr lernen, vor allem sollte sie nicht einfach nur so dahersingen, sondern auch »Haltung lernen«, wie die Sängerin heute erzählt. Was nichts anderes bedeutete, als dass die jüngste Tochter auch Ballettstunden absolvierte – was ihr sicher heute bei ihren vielen teils akrobatischen Tanz- und Showeinlagen auf der Bühne zugutekommt.

Abgesehen davon war auch Helene wenige Jahre nach dem Umzug nach Deutschland alt genug für die Schule. Nach den Grundschuljahren in dem Heimatort wechselte sie auf die Realschule im nahe gelegenen Wörrstadt.

Diese Schuljahre sollten Helene Fischer prägen. Nicht nur, weil sie dort Freunde fand oder Vorlieben und Abneigungen für bestimmte Fächer entwickelte. Vor allem machte ihr der Besuch der Schule endgültig klar, wohin ihr Lebensweg sie führen sollte.

Zunächst war die junge Helene Fischer ein Mädchen, das viele unterschiedliche Vorlieben hegte, die zudem auch noch in unterschiedliche Richtungen wiesen.

Dass sie eine Liebe für die Schauspielerei empfand, sich von jungen Jahren an gerne verkleidete, das war das eine – und sie war sich im Grunde schon recht sicher, dass sie damit auch im Erwachsenenalter weitermachen wollte.

Daneben existierte jedoch die musikalische Person Helene Fischer. Die hatte bekanntlich früh auch englischsprachige Popmusik schätzen und lieben gelernt, wuchs in der großen Zeit der Musik- und Videosender MTV und Viva auf. Auf der anderen Seite war sie es ebenso gewohnt, sich mit der Großmutter gemeinsam im Fernsehen Volksmusiksendungen anzuschauen. Und dann gab es da wie im Leben eines jeden Teenagers immer wieder neue Phasen, die kamen und gingen. Darunter auch jene, die Helene Fischer heute als ihre Raver-Phase bezeichnet, in der sie wummernde Techno-Musik hörte und die dazu passende Kleidung inklusive der seinerzeit so modischen Stiefel mit dicken Plateausohlen trug.

All diese unterschiedlichen Vorstellungen, Wünsche und Vorlieben fanden während der Realschulzeit zusammen: nämlich als Helene Fischer davon erfuhr, dass an der Realschule eine Theater-und-Musical-Arbeitsgemeinschaft angeboten würde. Eine AG, an der auch sie umgehend teilnehmen wollte. Schnell stellte sie dort fest, dass sie gefunden hatte, wonach sie gesucht hatte. Das Musical bot ihr die Möglichkeit, all das zu vereinen: die Vorliebe für die Schauspielerei, der Spaß am Gesang, am Tanz und nicht zuletzt auch daran, sich zu verkleiden. Helene Fischer wusste jetzt genau, was sie wollte – nämlich Musical-Darstellerin werden.

So kann das Leben sein: Der Traum vom Rampenlicht

Der Entschluss also war gefasst, jedenfalls im Kopf von Helene Fischer. Doch sie war noch nicht erwachsen, sondern gerade mal 16 Jahre alt. Sie konnte also nicht einfach sagen: »Ich mache das jetzt«. Die junge Frau musste ihren Plan den Eltern mitteilen, sie davon überzeugen, dass dieser Weg tatsächlich der richtige für sie war. Was sich nicht so einfach gestaltete, wie sie es sich vielleicht zunächst erhofft hatte.

Es gehört nicht viel dazu, sich vorzustellen, welche Fragen damals diskutiert wurden: Kann die Tochter von der Tätigkeit als Musical-Darstellerin leben? Wird sie vielleicht um jedes noch so kleine Engagement in der Provinz kämpfen müssen? Verfügt sie überhaupt über das notwendige Talent, und wenn ja, wie lange kann sie den Beruf eigentlich ausüben? Vielleicht ist sie schon mit Mitte 30 zu alt für das anstrengende Leben auf der Bühne und muss sich dann als ungelernte Kraft mit Hilfsjobs durch das Leben schlagen. Helene Fischer berichtete, dass es nicht leicht war, die Eltern von ihren Plänen zu überzeugen.

Doch Helene Fischer war sich nicht nur absolut sicher, das genau Richtige für sich anzusteuern, dass Tanz, Schauspielerei und Gesang ihr Leben bestimmen sollten. Sie wirkte auch überzeugend. Am Ende langer Diskussionen stimmten die Eltern ihren Plänen zu. Nicht nur das: Statt den weiteren Weg der Tochter bloß zu beobachten, gingen sie ihn mit. Seit der gemeinsame Entschluss gefallen war, unterstützten sie das jüngste Kind, wo immer sie es konnten.

Die erste Frage, die es zu klären galt, war die, wo die Ausbildung überhaupt stattfinden sollte. Die Antwort fand sich schnell: Schließlich liegt der winzige Ort Wöllstein nur rund 60 Kilometer von der Finanzmetropole Frankfurt am Main entfernt. Und dort gibt es nicht nur Banken oder die Sitze internationaler Großunternehmen, sondern auch eine passende Ausbildungseinrichtung für Helene: die staatlich anerkannte Berufsfachschule für Schauspiel und Musical – kurz Stage & Musical School Frankfurt. Seit 1976 unterrichtet man in der Schule an der Hanauer Landstraße den Künstlernachwuchs des Landes. Und anders, als mancher vermuten mag, handelt es sich dabei nicht um eine Ausbildung als Hobby. Was dort vermittelt wird, beruht auf einem durchdachten und erprobten Konzept. Außerdem dauert die Ausbildung ähnlich lange wie in einem herkömmlichen Lehrberuf – nämlich sechs Semester beziehungsweise drei Jahre. Für die Schüler bedeutet diese Zeit harte Arbeit, an jedem Wochentag findet Unterricht statt, und zwar von morgens um acht Uhr bis mindestens 16 Uhr am Nachmittag.

Unterteilt ist die Ausbildung in zwei Abschnitte: in ein Grundstudium und ein Hauptstudium. Im Rahmen des Grundstudiums lernen die Schüler vor allem das für Darsteller so wichtige Körperbewusstsein, außerdem wird ihnen vermittelt, wie sie auf bestimmte Situationen und auch auf andere Personen schauspielerisch reagieren. Das Hauptstudium erweitert diese Grundkenntnisse, vermittelt die Fähigkeit, weiter selbstständig an sich und auch an der übernommenen Rolle zu arbeiten.

Gelehrt wird all das in insgesamt fünf unterschiedlichen Lehrfächern. Im Fach »Spiel und Darstellung« geht es um das Schauspiel, darum, mit welchen Techniken der Mensch glaubhaft die Rolle einer anderen Person übernehmen und darstellen kann. »Körper und Bewegung« wiederum bildet die körperlichen Voraussetzungen dazu aus, zeigt neben wichtigen Lockerungs- und Entspannungstechniken auch unterschiedliche Tanzstile von Jazzdance über Charaktertanz bis hin zu klassischen höfischen Tänzen.

Im nächsten Fach geht es um die Stimme, die für Schauspieler und Sänger gleichermaßen wichtig ist. Themen sind Atemübungen ebenso wie die richtige Artikulation sowie das Singen von Liedern und Chansons. Die Theorie kommt ebenfalls nicht zu kurz. Denn im vierten Fach stehen Theatertheorie, Literatur, Stil und auch die Kostümkunde im Mittelpunkt.

Der fünfte Bereich der Ausbildung ist allein jenen Schülern vorbehalten, die ähnliche Pläne wie Helene Fischer hegen: Hier geht es ausschließlich um das Thema Musical. Chorgesang wird gelehrt, dazu gibt es Einzelunterricht in Gesang und auch Musicaldance steht auf dem Programm.

Mit dieser Ausbildung hat die Stage & Musical School Künstler hervorgebracht, die später in Fernsehserien wie unter anderem *Alles was zählt*, *Lindenstraße* und *Gute Zeiten, schlechte Zeiten* mitspielten.

Die Stage & Musical School bildet einerseits die Talente aus, sie ist in der Region aber auch bei den Theatern bekannt. Regisseure und Theaterleiter besuchen die Schule regelmäßig, besonders dann, wenn sie für anstehende Produktionen ein Ensemble zusammenstellen. Die Schüler werden dabei zwar nicht in den Hauptrollen eingesetzt, sondern können als Nebendarsteller erste reale Bühnenerfahrung sammeln. Allerdings sind die Profis auch wählerisch, und ihre Auswahl kann durchaus als Gradmesser gelten, welche Schüler womöglich über ein besonderes Talent verfügen.

Helene Fischer berichtete einmal, wie es zu ihrem ersten Engagement kam. Eines Tages erschienen Herren des Staatstheaters Darmstadt an der Schule. Sie suchten nach Darstellern für das geplante Musical *Rocky Horror Picture Show*. Die Sängerin erinnert sich bis heute an die damalige Aufregung: Für jeden Schüler war dies ein Moment großer Anspannung, denn ein anerkanntes Theater wollte einige von ihnen verpflichten. Veranstaltet wurde daher ein regelrechtes Casting unter den Auszubildenden.

Natürlich war den Schülern klar, dass sie nicht als Stars der Show auf der Bühne stehen würden, sondern als Statisten oder – wenn sie Glück hatten – in einer kleinen Nebenrolle. Trotzdem war es etwas anderes als die Bühne einer Schule.

Es ging um ein Engagement, bei dem sie über einen längeren Zeitraum gleich an mehreren Abenden in der Woche vor einem zahlenden Publikum spielen sollten.

Nur fünf Plätze in dem Musical-Ensemble waren zu vergeben – Helene Fischer überzeugte die erfahrenen Theatermacher und kam auf diese Weise unerwartet zu ihrem ersten Engagement.

Als sie mit ihren Mitschülern bei den Proben erschien, erfuhren sie, dass ihnen eine wirklich außergewöhnliche Chance geboten wurde. So ist die *Rocky Horror Picture Show* zwar an sich schon ein vergleichsweise verrücktes Musical. Es handelt grob davon, dass ein junges Paar nach einer Reifenpanne in einem nahegelegenen Schloss Hilfe sucht, in dem der exzentrische Wissenschaftler und Transvestit Dr. Frank N. Furter haust. Der will seinen Mitbewohnern in jener Nacht sein eben erst erschaffenes Retortenwesen Rocky vorführen – woraus sich eine aberwitzige Handlung entspinnt, die die *Rocky Horror Picture Show* bis heute zu einem regelrechten Kultmusical macht.

Dem Regisseur in Darmstadt allerdings war die verrückte Handlung wohl nicht verrückt genug. Er machte den unerfahrenen Schülern aus Frankfurt für ihren ersten Auftritt keine strikten Vorgaben, wie man es bei Debütanten erwarten könnte. Die Nachwuchskräfte sollten die Rollen von Besuchern des Schlosses übernehmen und sich dabei möglichst verrückt geben. Helene Fischer erzählte, dass sie im Grunde also machen konnten, was sie wollten. *Hauptsache, ihr seid verrückt* habe der Regisseur ihnen als Anweisung mit auf den Weg gegeben. Was man den jungen Nachwuchsschauspielern und -sängern nicht zweimal sagen musste. Sie ließen sich jeden Tag etwas Neues einfallen, erinnert sich Helene Fischer, und gaben sich manchmal so verrückt, dass hinterher Beschwerden vonseiten der professionellen Schauspieler kamen, die sich bei ihrer Arbeit gestört fühlten.

Verrückt waren aber nicht nur Stück und Schauspieler, sondern auch die Kostüme, das Make-up und die Perücken. Helene Fischer erzählte, sie habe ein Haarteil getragen, das vom Volumen her einer riesigen Kugel glich. Vor allem aber erinnert sie sich an ihr erstes Engagement als eine großartige Zeit, in der sie und ihre Mitspieler sehr viel Spaß hatten.

Bei diesem einen Engagement während der Schulzeit sollte es nicht bleiben. Bald schon suchte man auch am Volkstheater Frankfurt nach Darstellern und bediente sich dafür erneut bei den Talenten der Stage & Musical School. Einmal mehr wurde Helene Fischer ausgewählt. Was nun auf dem Programm stand, war zwar ebenfalls eine Spur verrückt, vor allem aber sollte das nächste Engagement zum im Grunde ersten beruflichen Kontakt mit dem Thema Schlager führen.

Was das Volkstheater auf die Bühne bringen wollte, war das Musical *Fifty Fifty* – eine Art Nummernrevue mit Schlagern der fünfziger Jahre.

Doch nicht nur aus diesem Grund war die Zeit am Volkstheater in Frankfurt für die Sängerin etwas Besonderes. Denn auf sie wartete diesmal nicht nur eine Statistenrolle. Sie musste vielmehr für eine Darstellerin des Ensembles einspringen, die für einige Wochen verhindert war. Regie bei dem Musical führte außerdem kein Unbekannter, sondern der Mann, der an der Stage School für die Schauspielausbildung zuständig war. Und der kam bei der Suche nach einem Ersatz für die vorübergehend ausfallende Darstellerin recht schnell auf den Gedanken, dass Helene Fischer die Richtige sein könnte. Seiner Schülerin sagte er daraufhin, dass er sie sich gut in der zu besetzenden Rolle vorstellen könne. Doch die reagierte nicht sofort mit Jubel und Begeisterung, sie wollte erst einmal sehen, um was es überhaupt ging. Also besuchte Helene Fischer eine Vorstellung des Theaters. Zunächst war sie überrascht von dem Publikum, das den Saal füllte. Es waren Menschen, die nicht nur ein unterhaltsames Musical genießen wollten – das Publikum setzte sich vor allem aus deutlich älteren Herrschaften zusammen, die mit der Musik der fünfziger Jahre durchaus noch persönliche Erinnerungen verbanden. Die eigentliche Überraschung für die junge Beobachterin bestand allerdings darin, dass diese älteren Damen und Herren nicht einfach nur still dasaßen, sondern sich regelrecht von der Musik und dem Humor mitreißen ließen. Genau das überzeugte sie letztendlich: vor einem Publikum zu spielen, das mit vollem Herzen bei der Sache war.

Nachdem sie sich das Musical von ihrem Platz im oberen Rang angeschaut hatte, stimmte sie zu und nahm das Engagement an. Am Ende spielte sie nicht nur eine einzige Rolle, sondern gleich mehrere. Schließlich basiert *Fifty Fifty* nicht auf einer durchgehenden Handlung, sondern darauf, dass viele kleine Geschichten mit unterschiedlichen Personen und Liedern miteinander verknüpft werden.

Helene Fischer stand unter anderem als österreichische Kaiserin Sissi auf der Bühne, kehrte im nächsten Auftritt als Badenixe zurück oder auch als das, was sie ja eigentlich immer noch war – eine Schülerin.

Dieser Weg ihres einzigartigen Aufstieges begann eigentlich schon während ihrer Ausbildung an der Stage & Musical School. So hatte sich Helene bei ihren Lehrern bereits einen guten Ruf erarbeitet, doch das war noch kein solides Fundament für eine erfolgreiche Zukunft.

Zwar lebte die junge Frau mittlerweile das Leben einer Künstlerin, doch auch damals schon war sie eine eher bodenständige Person. Eine Frau, die sich zwar zu einer in den

Augen ihrer Eltern unorthodoxen Laufbahn entschlossen hatte, die jedoch zu einem gewissen Pflichtbewusstsein erzogen worden und mit einem Ordnungssinn ausgestattet war, die ihre Persönlichkeit weiterhin prägten.

Als ihre Ausbildung voranschritt und der Tag der Abschlussprüfung nahte, entschloss sich Helene Fischer, nicht zu warten, bis sie ihr endgültiges Zeugnis in Händen hielt. Sie wollte vorbereitet sein auf die Zeit danach, wollte möglichst früh wissen, wie es für sie nach der Schule weitergehen würde.

Also begann sie, Bewerbungen zu schreiben. Dabei kam es zu einem Geistesblitz, der ihre Karriere entscheidend beeinflussen sollte. Sie wollte den Bühnen, bei denen sie sich bewarb, mit der Bewerbung nicht nur trockene Fakten vermitteln – sie wollte zeigen, was sie konnte. Vor allem wollte sie schon mit der Bewerbung verdeutlichen, dass sie nicht nur Schauspielerei gelernt hatte, sondern auch gesangliche Fähigkeiten mitbrachte. Sprechrollen als Schauspielerin am Theater stellten zwar auch eine mögliche Option dar. Lieber war es ihr jedoch, wenn sie auf der Bühne auch singen konnte – schließlich war genau dies das Wesen des Musicals und damit der Beruf, von dem sie träumte.

Ihr Plan: Sie wollte eine Demo-CD aufnehmen, die sie zusammen mit den Bewerbungen verschicken konnte. Was sich jedoch als schwieriger erwies als angenommen. Helene Fischer konnte sich keine Band oder gar ein Orchester leisten, um Musikstücke professionell aufzunehmen. Auf der anderen Seite wollte sie aber auch nicht a cappella singen, die Stücke nicht ohne instrumentale Untermalung aufnehmen. Am Ende kam ihr zugute, dass sie und ihre Schwester ja eine Karaoke-Vergangenheit hatten und daheim noch die Karaoke-CDs existierten, zu denen sie immer gemeinsam gesungen hatten.

Die bildeten den Grundstock der Titelauswahl, die von Instrumentalaufnahmen bekannter Gesangstitel ergänzt wurde. Trotzdem kam so immer noch nicht genügend Material zusammen, um eine CD wirklich umfangreich zu bespielen.

Am Ende nahm die Sängerin nur sechs Stücke auf. Darunter *The Power of Love*, einen Titel, mit dem 1984 zunächst Jennifer Rush Erfolge gefeiert hatte und der durch die Interpretation von Céline Dion 1993 endgültig zum Klassiker geworden war.

Trotz der übersichtlichen Titelauswahl wurde die Demo-CD zur Eintrittskarte in das Showgeschäft. Den entscheidenden Anteil daran hatte jedoch nicht Helene Fischer selbst, sondern ihre Mutter.

Lass mich in dein Leben: Ein neuer Mann

Zunächst allerdings nahm die CD den Weg vieler vielversprechender Projekte – sie geriet für eine Weile fast in Vergessenheit. Denn noch hatte Helene Fischer ihre Ausbildung nicht beendet, war vielmehr intensiv mit den Prüfungsvorbereitungen beschäftigt. Daher war es auch nicht die Sängerin selbst, die ihre Probeaufnahmen auf den Weg zu Managern oder Theatern im ganzen Land brachte. Sondern es war ihre Mutter, gemeinsam mit einem Freund der Familie, die diese Aufgabe übernahm, und zwar ohne das Wissen der Tochter.

Die Resonanz auf die gesungene Bewerbung blieb jedoch verhalten. Schließlich ist es bei Sängern oder Schauspielern nicht anders als bei Menschen in anderen Berufen: Überall im Land schmieden junge Künstler Pläne, glauben an ihr großes Talent und verschicken ihre Demo-Aufnahmen oder Bewerbungen. Für die Künstleragenturen bedeutet das wiederum, dass bei ihnen ständig in großen Mengen Aufnahmen gänzlich Unbekannter eingehen – der überwiegende Teil davon erweist sich als unbrauchbar. Auf der anderen Seite führt die andauernde Bewerbungsflut aber auch dazu, dass nicht selten selbst wirklich große Talente unbemerkt bleiben, weil sie in der Masse untergehen, vielleicht nicht einmal gehört werden, bevor ihre Aufnahmen auf dem sprichwörtlichen Müll landen.

Doch Helene Fischers Mutter wollte sich nicht so schnell geschlagen geben und unternahm immer wieder neue Versuche. Eine plötzliche Eingebung, wem sie die CD noch schicken könnte, kam ihr eines Tages vor dem Fernseher. Auf dem Bildschirm wurde eine deutsche Sängerin namens Kristina Bach gezeigt – sie, so wurde berichtet, hätte einst den Schlagerstar Michelle entdeckt. Vielleicht, mag sich Frau Fischer gedacht haben, wäre eine Person mit so einem untrüglichen Gespür für Talent doch ein geeigneter Adressat für eine weitere Aussendung der Demo-CD. Niemand konnte ahnen, was diese Aussendung in Gang setzen würde.

Über Kristina Bach gelangte die Aufnahme an einen Zirkel von Menschen, die sich wie sonst kaum jemand in der deutschen Musikszene auskannten und sie prägten. Um zu verstehen, wie alles Folgende zusammenhing, sollte man zunächst einmal vom Jahr 2004 aus ein gutes Jahrzehnt zurückschauen.

Am Anfang dieser Geschichte steht eine Frau, die im Jahr 1962 unter dem Namen Kerstin Bräuer geboren wurde, die allerdings fast ausschließlich unter ihrem Pseudonym Kristina Bach bekannt ist. Seit sie 13 war, nahm sie an Gesangs- und Talentwettbewerben teil, doch sie hatte schon ihr Abitur in der Tasche, als tatsächlich jemand ihr Talent entdeckte.

Die junge Frau bekam eine Visitenkarte überreicht, nahm Kontakt zu einem Produzenten auf, und der wollte auch wirklich mit ihr arbeiten.

Was dann geschah, erinnert frappierend an jenen Moment, als Helene Fischer Jahrzehnte später gesagt wurde, dass sie künftig Schlager singen sollte.

Die unerfahrene Kerstin Bräuer verfolgte ebenfalls ambitionierte Pläne. Zwar wollte sie nicht englischen Pop, sondern immer schon deutsche Texte singen – doch sie orientierte sich an vergleichsweise Anspruchsvollem. Singen wollte sie so etwas wie den seinerzeit sehr bekannten Titel *Ich will alles* von Gitte Haenning. Was so gar nicht zu den Plänen des Produzenten passte. Der hatte einen Schlager mit dem Titel *Donna Maria* geschrieben, bei dem Anspruch bestenfalls zweitrangig war. Das Lied handelte von einer Frau, die im Hafen darauf wartete, dass ihr Geliebter mit dem Schiff heil heimkehrte.

In einem Interview sagte Kristina Bach einmal, dass sie daraufhin Rotz und Wasser geheult habe. Der Produzent ließ sich davon aber nicht beeindrucken. Er sagte ihr, dass sie das Lied singen müsste – oder sich ihre Wege wieder trennen würden.

Bevor sich die junge Frau jedoch an die Aufnahme machte, überlegte sie sich ein Pseudonym, um sich auf diese Weise von dem Titel zu distanzieren, die Wahl fiel auf Kristina Bach.

Als die Aufnahme auf Band war, wurde sie einer Plattenfirma angeboten. Deren Chef lag, wie Kristina Bach einmal der Zeitschrift *Superillu* erzählte, ausgerechnet zu dieser Zeit im Krankenhaus, habe aber immerhin ein »Kauf ich ein« von sich gegeben, als er den Titel gehört habe.

Genau an dieser Stelle ergänzt nun ein weiterer Name die Geschichte, der später Helene Fischers Aufstieg maßgeblich prägte.

Das Plattenlabel, das Kristina Bach unter Vertrag nahm, beschäftigte einen Mitarbeiter, der vor allem für das Management der neuen Künstler im Programm zuständig war. Sein Name: Uwe Kanthak. Der sollte sich also fortan um die neue Künstlerin kümmern, sie managen. Mit *Donna Maria* gelang jedoch zunächst kaum mehr als ein Achtungserfolg. Aber schon ein Jahr später hatte Kristina Bach ihren ersten wirklichen Hit mit einer Coverversion des damals bereits gut 20 Jahre alten Titels *Heißer Sand* von 1962, weitere Erfolge sollten folgen.

In den frühen neunziger Jahren kam es dann zu dem schon erwähnten nächsten Ereignis, das lange Zeit später auch Auswirkung auf Helene Fischers Karriere haben sollte. Kristina Bach war mittlerweile in ihrem Beruf sehr erfahren, hatte sich gemeinsam mit Uwe Kanthak einen Platz im rauen Musikbusiness gesichert. In diesen Jahren achtete sie daher nicht nur auf ihre eigenen Erfolge, sondern entwickelte auch ein gutes Auge und vor allem ein gutes Ohr für neue Talente.

So kam es, dass sie den ersten öffentlichen Auftritt einer kaum zwanzigjährigen Sängerin beobachtete und deren großes Talent bemerkte. Natürlich berichtete sie ihrem Lebensgefährten Uwe Kanthak davon – und die nächste Erfolgsgeschichte nahm ihren Lauf. Die junge Frau namens Tanja Hewer wurde zur Schlagersängerin Michelle und sollte mehr als ein Jahrzehnt das Genre prägen. Michelle entwickelte sich zum ersten weiblichen Star einer neuen Schlagerära.

Schon der erste Titel, der unter der Obhut des Teams Uwe Kanthak und Kristina Bach entstand, wurde ein Erfolg: Doch *Und heut Nacht will ich tanzen* bedeutete nicht nur Michelles Durchbruch, der Song steht auch für einen weiteren Musiker im Umfeld von Uwe Kanthak, der später entscheidenden

Einfluss auf den Erfolg Helene Fischers haben sollte. *Und heut Nacht* ... war eine Koproduktion von Kristina Bach als Texterin und Jean Frankfurter als Komponist. Wer heute auf die Angaben zu den Titeln auf den CDs von Helene Fischer schaut, wird diese beide Namen häufig finden.

Jean Frankfurter ist ein Mann, den man sicherlich als einen der Grundpfeiler des deutschen Schlagers bezeichnen kann. Und er ist ein weiteres Beispiel dafür, dass in der deutschen Schlagerszene das Arbeiten unter Pseudonym gang und gäbe ist. Der 1948 geborene Komponist heißt eigentlich Erich Ließmann und war musikalisch anfangs im Bereich des Rhythm 'n' Blues aktiv. Mit dem Beginn der siebziger Jahre verlagerte er seine Arbeit aber zunehmend auf das Gebiet des Schlagers und verband diesen musikalischen Wechsel mit einer Namensänderung, für die sein Geburtsort Pate stand.

Frankfurter war gerade mal 23 Jahre alt, als er seinen ersten großen Erfolg feiern konnte: Er schrieb den deutschen Text für den Erfolgstitel *Butterfly* des französischen Sängers Danyel Gérard.

Danach ging es Schlag auf Schlag beziehungsweise Schlager auf Schlager. Denn schaut man sich die Liste der erfolgreichsten Titel aus der Glanzzeit des deutschen Schlagers an, dann stößt man dabei regelmäßig auf den Namen Frankfurter. *Michaela* von Bata Illic ist ebenso ein Werk Frankfurters wie *Anita* von Costa Cordalis oder *Flieg nicht so hoch, mein kleiner Freund* von Nicole.

Doch das ist längst nicht alles. Zwar wird Jean Frankfurters Werk vor allem den Bereichen Schlager und volkstümliche Musik zugeordnet, dabei sind dort nur Teile seines Erfolges zu finden. So gilt Frankfurter auch als musikalischer Kopf hinter der Popgruppe Arabesque. Dieses Projekt wurde 1977 gestartet. Während sich die Erfolge in Deutschland in

Grenzen hielten, waren sie im Ausland umso größer. Schon die erste Single *Hello, Mr. Monkey* startete besonders in Japan durch und hielt sich dort unglaubliche 38 Wochen auf dem ersten Platz der Charts. Der in Deutschland bekannteste Titel ist allerdings *Marigot Bay*, der 1981 als einziger des Trios bis in die Top Ten der hiesigen Charts vorstieß. Insgesamt konnte Arabesque mit Titeln aus Jean Frankfurters Feder auf der ganzen Welt mehr als sechs Millionen Singles und Alben verkaufen. Nebenbei bedeutete Arabesque aber nicht nur einen Erfolg für die eigentlichen Macher. Die Gruppe stand auch am Beginn der Karriere einer Sängerin, die später selbst häufig an der Spitze der Charts zu finden sein sollte: Seit 1978 sang Sandra Ann Lauer bei Arabesque. 1984 stieg sie schließlich aus und begann eine Solokarriere, für die sie nur ihren ersten Vornamen nutzte. Ein Jahr später landete sie als Sandra ihren ersten Riesenhit: *(I'll never be) Maria Magdalena* wurde zur Nummer eins unter anderem in Deutschland, der Schweiz und Österreich.

Nach weiteren Erfolgen als Sandra nahm die Karriere der Künstlerin noch einmal zusätzlich Fahrt auf, als sie für das von ihrem damaligen Ehemann Michael Cretu gegründete Musikprojekt Enigma die Rolle der Sängerin übernahm. In den neunziger Jahren lieferte das Paar gleich eine Reihe von Titeln, die auf der ganzen Welt erfolgreich waren – nicht weniger als zwei Nummer-eins-Platzierungen in Großbritannien stehen bis heute auf der Liste der größten Erfolge des Duos.

Das alles hatte natürlich nur bedingt etwas mit dem späteren Erfolg einer Helene Fischer zu tun. Doch es zeigt sehr deutlich, in welchem Umfeld sie sich bewegte, dass um sie herum ein Stab von Menschen arbeitete, der nicht erst seit dem Anhören der Demo-CD dieser jungen Sängerin sein Gewerbe betrieb.

Aber kehren wir noch einmal zurück zu dem Star Michelle, den Kristina Bach und Uwe Kanthak gemeinsam formten. Denn der ist auch ein Beispiel dafür, dass selbst professionellste Betreuung und die Unterstützung anerkannt fähiger Komponisten keine Garantie für großen und vor allem dauerhaften Erfolg sind.

Michelle legte in den neunziger Jahren eine Karriere hin, wie man sie seit der Glanzzeit des Schlagers in den Siebzigern kaum noch für möglich gehalten hatte. Die attraktive Sängerin wurde zu einer regelrechten Marke, sie scharte massenhaft Fans um sich. Die gesamten neunziger Jahre und auch die frühen Jahre des neuen Jahrtausends hindurch galt sie als Erfolgsgarant.

Einen Höhepunkt erreichte Michelles Karriere, als sie Deutschland beim Eurovision Song Contest vertrat: Landete Deutschland lange Zeit eher auf den hinteren Rängen, erreichte Michelle bei der Veranstaltung am 12. Mai 2001 mit dem Titel *Wer Liebe lebt* immerhin einen achtbaren achten Rang.

Es schien, als könnte nichts die Erfolgsgeschichte aufhalten. Nachdem Michelles Album »So was wie Liebe« aus dem Jahr 2000 es bis auf den achten Platz der deutschen Charts geschafft hatte, erklomm der Nachfolger »Rouge« 2002 sogar den fünften Rang und hielt sich 17 Wochen in den Hitparaden. Doch fast gleichzeitig ging es dann mit der Karriere in die andere Richtung.

Im Jahr 2001 ging Michelles schlagzeilenträchtige Beziehung zu dem Sänger Matthias Reim (*Verdammt, ich lieb dich*) in die Brüche, wenig später trennte sie sich von ihrem Erfolgsteam beziehungsweise von Manager Uwe Kanthak.

Vor einem Auftritt im Jahr 2003 erlitt die Sängerin dann einen leichten Schlaganfall, von dem sie sich wieder erholte. Wenig später wurde bekannt, dass sie jahrelang unter Depressionen litt.

Die Jahre danach waren geprägt von unterschiedlichsten Meldungen über Michelle, die wenigsten davon hatten etwas mit den vergangenen Erfolgen zu tun. Man hörte, dass sie einen Hundesalon eröffnet hatte und wieder schloss. Ein erneuter Schwächeanfall wurde gemeldet, das Ende des Projekts Michelle und später die Rückkehr von Michelle wurden verkündet, dazu Geschichten über Privatinsolvenz, Hochzeit und Scheidung.

Diese Entwicklung zog sich über Jahre hin. Erst im Jahr 2012 gelangten wieder anders lautende Meldungen an die Öffentlichkeit. Fast zehn Jahre nach ihrem Abschied von Manager Uwe Kanthak kehrte sie zurück und ließ sich wieder von ihm betreuen. Wenig später bog sie auch wieder auf die Erfolgsspur ein. Ihr Album »L'Amour« erreichte immerhin den elften Platz der Charts.

Das kann als Zeichen für die Fähigkeiten Uwe Kanthaks als Manager und vielleicht auch als Strippenzieher gesehen werden. Vor allem soll dieser thematische Ausflug aber verdeutlichen, dass Kanthak auch über genügend Erfahrung darin verfügt, was es heißt, ein Star zu sein, und weiß, über wie viele unerwartete Fallstricke ein berühmter Mensch stolpern kann – eine Erfahrung, von der auf die eine oder andere Weise sicher auch Helene Fischer profitierte.

Schließlich musste Kanthak noch andere schmerzliche Erfahrungen als Manager machen. So gehörte zu seinen frühen Schützlingen auch Rex Gildo. Der zählte mit seinen Erfolgen wie *Fiesta Mexicana* zu den bekanntesten deutschen Schlagerstars überhaupt. Doch nach den siebziger Jahren verblasste der Stern von *Sexy Rexi* zusehends. In die Schlagzeilen geriet er nur noch ein einziges und finales Mal: Im Jahr 1999 stürzte der gealterte Star aus dem Badezimmerfenster seiner Wohnung, zog sich lebensgefährliche Verletzungen zu und starb wenig später im Krankenhaus. Der Tod des 63-Jährigen wurde als Selbstmord gewertet.

Auch andere Künstler, die bis heute von Uwe Kanthak gemanagt werden, stehen für die Tatsache, dass neben Talent noch viele weitere Faktoren stimmen müssen, um einen einmal erreichten Erfolg auf einem hohen Level zu halten. Dazu zählen nicht zuletzt eine gefestigte Persönlichkeit, ein eiserner Wille und zudem eine sehr große Portion Glück. Was in den seltensten Fällen in einem optimalen Verhältnis der Faktoren untereinander vorkommt. Vielfach folgt auf den Genuss eines Erfolges das viele Jahre dauernde vergebliche Bemühen, diesen Moment noch einmal zu spüren. Michelle und Rex

Gildo sind sicherlich extreme Beispiele. Die eine hat allen Problemen zum Trotz das Comeback geschafft, der andere ist am Leben und dem Ausbleiben des Erfolges zerbrochen.

Andere pendeln sich sozusagen in der Mitte ein. Jürgen Marcus etwa, der ebenfalls zu Kanthaks Kundenstamm zählt. Dessen Name ist im Grunde mit einem einzigen Titel verbunden: Mit *Eine neue Liebe ist wie ein neues Leben* schaffte es Jürgen Marcus im Jahr 1972 bis auf Platz zwei der Hitparaden. Mit *Ein Festival der Liebe* und *Ein Lied zieht hinaus in die Welt* erreichte er 1973 und 1975 noch einmal ähnliche Positionen, doch das war es dann auch. Seitdem konnte Jürgen Marcus keine größeren Erfolge mehr verbuchen, lebte vor allem vom Ruhm aus jener Zeit, die mittlerweile gut 40 Jahre zurückliegt. 2013 machte der Sänger dann doch noch einmal Schlagzeilen, allerdings keine, die ihm gefallen konnten: Die Medien meldeten, dass er Privatinsolvenz anmelden musste.

Privatinsolvenz war es auch, was im Jahr 2005 mit Nino de Angelo einen weiteren Künstler aus Kanthaks Pool plötzlich wieder in die Schlagzeilen brachte. Dessen Ruhm beruhte vor allem auf seiner erfolgreichen Interpretation des von Drafi Deutscher geschriebenen Titels *Jenseits von Eden* aus den frühen achtziger Jahren. Ein Erfolg, an den er seitdem nicht mehr anknüpfen konnte, nicht zuletzt allerdings deshalb, weil ihn eine schwere Krankheit vorübergehend handicapte.

Kanthak war also schon zu jener Zeit ein sehr erfahrener Manager, der in seinem Leben und mit seinen Künstlern bereits viel erlebt hatte. Zu seinen weiteren Klienten zählen unter anderem »Tagesschau«-Sprecher Jens Riewa, dem eine kurze Affäre mit der Sängerin Michelle nachgesagt wurde, sowie Hitparaden-Urgestein und Moderatoren-Legende Dieter Thomas Heck.

Alles in allem könnte man sagen, dass es eine bunt gemischte Truppe war, die von Uwe Kanthak betreut wurde, als Helene Fischers Mutter die Demo-CD ihrer Tochter an Kristina Bach schickte, die diese Aufnahmen wiederum an Kanthak weiterreichte, von dem sie mittlerweile getrennt lebte. Eine Truppe, die zwar eine ganze Reihe über Generationen bekannter Namen vorzuweisen hatte, der aber zu diesem Zeitpunkt im Jahr 2004 ein wirkliches Zugpferd fehlte.

Die Zusammenarbeit mit der einstigen Neuentdeckung und Erfolgsgarantin der neunziger und frühen zweitausender Jahre Michelle endete 2003. Eine Nachfolge war nicht in Sicht. Nun könnte man vielleicht erwarten, dass sich Uwe Kanthak wie ein Löwe auf die Chancen einer Helene Fischer gestürzt hätte. Schließlich war es seine Ex-Frau und Michelle-Entdeckerin gewesen, die ihn auf die Demo-CD hingewiesen hatte. Tatsächlich wird die Geschichte, was dann geschah, in unterschiedlichen Versionen erzählt. Die eine besagt, dass sich die ganze Sache noch eine Weile hingezogen habe. Helene Fischer erzählte, dass der Grund dafür unter anderem der gewesen war, dass Kanthak ausgerechnet in jener Phase mit seinem Büro umzog. Doch die Mutter von Helene Fischer ließ sich von der Verzögerung nicht abschrecken. Während die Tochter weiter das Ende der Ausbildung in Angriff nahm, rief sie regelmäßig bei Kanthak an oder ließ einen Bekannten anrufen. Bis dann tatsächlich jener Tag kam, an dem Helene Fischer und Uwe Kanthak sich trafen und an dem die Geschichte jene Wendung nahm, die Helene Fischer zunächst einmal zweifeln und in Tränen ausbrechen ließ. Über diese Version wurde häufig berichtet, doch es gibt auch noch eine andere Version, die auf der Erinnerung von Uwe Kanthak beruht, der davon im März 2014 im österreichischen Fernsehen der Moderatorin Vera Russwurm berichtete. Demnach habe Kristina Bach wenig Interesse an der Demo-CD gezeigt, er selbst habe sie irgendwann angehört und sich bei dem Titel *Power of Love* in die Stimme verliebt. Da habe er sich gedacht, dass er gern mehr über »das Mädchen« erfahren würde. Dann habe man sich getroffen und alles ging anschließend recht schnell.

Willkommen in meinen Träumen: Hand in Hand nach Varasdin

» Komm mit nach Varasdin, so lange noch die Rosen blühen« – das waren die ersten Worte, die Helene Fischer im deutschen Fernsehen sang. Dazu schritt sie die fünf Stufen einer Showtreppe hinab auf die eigentliche Bühne, eingerahmt von Tänzerinnen in weiß-goldenen Trachtenkleidern und Hand in Hand mit dem Moderator der Sendung, Florian Silbereisen. Nach einem mehrminütigen im

Duett gesungenen Medley ungarischer Melodien stellte der seine junge Begleiterin dann dem Publikum vor. Was er sagte, klingt aus heutiger Sicht, als hätte er sich versprochen: »Und zum ersten Mal, heute Abend Fernsehpremiere für sie, Helen Fišher.« Ein fehlendes e beim Vornamen und dazu noch eine ungewöhnliche Betonung des bekannten Nachnamens Fischer, die auf eine andere, vielleicht die russische Schreibweise schließen ließ? Das war natürlich kein Fehler des Moderators, sondern stellt vielmehr einen deutlichen Hinweis darauf dar, dass die Marke Helene Fischer zu diesem frühen Zeitpunkt ihrer Karriere noch längst nicht so exakt konturiert war, wie sie es heute ist. Dass dieser Moment trotzdem als eigentlicher Karrierestart gilt, hat neben dem Talent noch einige weitere Gründe.

Als Manager Uwe Kanthak die gerade zwanzigjährige Sängerin in seinen Künstler-Pool aufnahm, suchte er natürlich schnell nach Möglichkeiten, wie sich deren Karriere beschleunigen ließ. Der übliche Weg wäre sicher gewesen, erst einmal mit kleineren Auftritten zu beginnen, um so einen gewissen Bekanntheitsgrad zu erzielen. Eventuell würden dann Plattenaufnahmen folgen, die von weiteren Promotion-Auftritten begleitet würden, immer mit dem Wunsch oder zumindest der vagen Hoffnung, sich so mit der Zeit einen wachsenden Kreis von Fans zu erschließen. Ein Verfahren, das etliche Jahre dauern konnte.

Eine musikalische Tretmühle, die Helene Fischer durch Glück und auch durch die Kombination aus Spürnase und Überzeugungskraft, die ihren Manager auszeichnet, zumindest teilweise umgehen konnte. Der erfuhr nämlich davon, dass der Mitteldeutsche Rundfunk – kurz MDR – nach einer Sängerin für ein spezielles Ereignis suchte. Gerade der MDR stand dafür, dass er über viele Jahre die Zepter des

Schlagers hochhielt, als andere sich längst von dem Thema verabschiedet hatten.

Daneben war der Sender verantwortlich für eine der erfolgreichsten Sendungen des deutschen Fernsehens, die von Millionen geliebt und von anderen mit Inbrunst gehasst wurde: die von der ARD ausgestrahlten *Feste der Volksmusik*. Während sich seinerzeit vornehmlich ältere Zuschauer jedes Mal erneut auf diese Abende freuten, an denen sie vor dem Fernsehschirm sitzen und einfach mal rund zwei Stunden entspannt Schlager und Volksmusik genießen konnten, verabscheute ein überwiegend junges Publikum diese Sendungen aus exakt dem gleichen Grund. Die »Feste« galten bei ihnen als Inbegriff eines altmodischen TV-Programms in Kombination mit gestriger Musik und einer gewissen Anspruchslosigkeit. Das führte im Endeffekt dazu, dass die Sendungen zwar bis zu 7,5 Millionen Zuschauer anzogen – doch nur rund 500 000 davon ließen sich nach Schätzungen der Altersgruppe bis 50 Jahre zuordnen.

Begonnen hat die Geschichte dieser musikalischen Fernsehfeste im Jahr 1994. Wurde die erste Sendung noch an einem Wochentag ausgestrahlt, führte der Erfolg dazu, dass man das Konzept bereits im Folgejahr in eine große Samstagabendshow umwandelte. Außerdem wurden nun jährlich fünf thematisch und jahreszeitlich eingeordnete »Feste« produziert. Das Jahr begann mit dem *Frühlingsfest der Volksmusik*, dann folgten die »Feste« für Sommer, Herbst und Winter, bis schließlich das *Weihnachtsfest der Volksmusik* den Kreis schloss.

Anfangs jedenfalls. Ein knappes Jahrzehnt lang moderierte Carmen Nebel diese »Feste« unter weitgehendem Ausschluss eines jungen Publikums. In einem Ort namens Wöllstein allerdings verfolgte auch die junge Helene Fischer immer mal wieder die »Feste« und weitere volksmusikalische Darbietungen – gemeinsam mit ihrer Großmutter, die als eigentliche Zielgruppe an diesen Tagen die Macht über die Senderwahl gehabt haben soll.

Als die Sängerin dann selbst auf die »Feste«-Bühne kam, hatte sich dort jedoch einiges getan – das Jahr 2005 stand für eine Art Neuanfang. Die langjährige Moderatorin Carmen Nebel hatte sich am 25. Dezember 2003 verabschiedet und war zum Konkurrenzsender ZDF gewechselt, wo sie in ähnlichem Stil unter dem Titel *Willkommen bei Carmen Nebel* weitermachte. Ihren Nachfolger stellte sie bei ihrem Abschied allerdings auch noch vor: Florian Silbereisen – eine der wohl ungewöhnlichsten Figuren der deutschen Fernsehlandschaft und jemand, der polarisiert.

Als Helene Fischer mit Silbereisen auf die Bühne kam, hatte der das Konzept der »Feste« bereits spürbar umgekrempelt und die Sendung befand sich immer noch in einem Erneuerungsprozess.

Wobei Erneuerung sich nicht auf das musikalische Grundkonzept bezog, sondern auf mehr Showelemente. Aus dem »Herbstfest« war ein »Jubiläumsfest« geworden, das »Sommerfest« trug nun den Titel *Hochzeitsfest der Volksmusik*. Was nicht nur eine Änderung der Bezeichnung bedeutete, sondern eben auch des inhaltlichen Konzeptes – es ging tatsächlich um Paare, die heiraten wollten. Die Zuschauer entschieden, welches Paar schließlich wirklich – live und in Farbe – vor dem Millionenpublikum von einem Standesbeamten getraut wurde.

Für Helene Fischer bedeutete der erste Fernsehauftritt ihres Lebens im Rahmen eines solchen Hochzeitsfestes am 14. Mai 2005 natürlich die erhoffte große Chance – aber auch ein deutliches Risiko. Denn mit Florian Silbereisen auf der Bühne zu stehen, das garantierte zwar wohlwollende Aufmerksamkeit bei einem Publikum gesetzteren Alters. Gleichzeitig jedoch konnte man sich in den ersten Jahren des neuen Jahrtausends immer noch sicher sein, dass jüngere Menschen die Sache mit eher kritischer Einstellung verfolgten. Um das zu verstehen, muss man sich ein wenig mit der Person Florian Silbereisen beschäftigen.

Er ist das Aushängeschild der »Feste«, obwohl er eigentlich zu jener Zielgruppe zählt, die genau diese Sendung weitgehend ignoriert. Denn mit seinen mittlerweile 33 Jahren wirkt er immer noch wie ein Fremdkörper in dem Umfeld, in dem er sich präsentiert – eigentlich.

Florian Silbereisen kam mit dem Erlernen seines ersten Instruments schnell voran. So schnell, dass er schon als Sechsjähriger auf der Bühne stand: Gemeinsam mit den beiden erwachsenen Musikern des Duos Die Lustigen Almdudler trat er auf Volksfesten und bei anderen Veranstaltungen auf, war bald auch wegen seiner Jugend eine kleine Berühmtheit in der Region. Danach kam die Karriere schnell in Fahrt: Im Alter von zehn Jahren nahm Silbereisen seine erste Platte auf. Der Titel der 1991 erschienenen Single war nicht gerade einfallsreich, machte aber trotzdem deutlich, was den Hörer erwartete: »Florian mit seiner Steirischen Harmonika«.

Ein hübscher blonder Bub, der begeistert Volksmusik spielte, das ging auch an den Medien nicht vorbei. So kam Florian Silbereisen im selben Jahr zu seinem ersten Fernsehauftritt. Karl Moik holte ihn in seinen *Musikantenstadl*. Diese Sendung stellte im Grunde die Vorstufe der späteren *Feste der Volksmusik* dar, und Karl Moik war der Moderator, den man bei so einer Sendung erwarten durfte – ein volkstümlicher Österreicher im gesetzten Alter.

Mit sechs Jahren die ersten öffentlichen Auftritte, kaum zehn Jahre alt bereits ein Auftritt in einer Sendung, die in Österreich ebenso wie in Deutschland und der Schweiz ausgestrahlt wurde. Bei einer so frühen und so schnellen Karriere kommt schnell der Verdacht auf, dahinter könnten Eltern stehen, die unbedingt einen Star aus ihrem Kind machen wollten. Bei Florian Silbereisen allerdings war genau das nicht der Fall. Zwar waren es die Eltern, die ihn immer wieder zu seinen Auftritten fuhren. Doch sie waren es auch, die den Sprössling bremsten. Das Kind, das der Musiker ja immer noch war, hätte am liebsten noch häufiger oder eigentlich ununterbrochen Musik gemacht und vor Publikum gespielt. Die Eltern dagegen hielten ihn zurück und machten dem Jungen klar, dass die Musik noch nicht an erster Stelle stehen durfte, dass er vielmehr eine vernünftige Schulausbildung absolvieren musste.

Dem Erfolg stand das kaum im Weg. Im Alter von elf Jahren erhielt Silbereisen einen Nachwuchspreis für Instrumentalmusiker, und 1997 – gerade 16 Jahre alt – veröffentlichte er sein erstes Album mit dem Titel »Lustig samma«. Der endgültige Durchbruch gelang ihm 1999, also in dem Jahr, in dem er volljährig wurde und seinen 18. Geburtstag feierte.

Damals holte Carmen Nebel ihn in ihre erfolgreiche Samstagabendshow *Die Feste der Volksmusik*, die er dann nach Nebels Wechsel vollständig übernahm. Außerdem bekam der junge Volksmusiker im Jahr 2002 beim MDR seine eigene Sendung und moderierte dort *Mit Florian, Hut und Wanderstock*.

Seit dieser Zeit entwickelte sich das Image des Florian Silbereisen in durchaus unterschiedliche Richtungen. Vor allem das weibliche Stammpublikum seiner Sendungen liebte und verehrte den blonden Jüngling und anscheinend idealen Schwiegersohn.

Auf der anderen Seite zog Silbereisen mit wachsender Popularität auch die Kritiker an. Die mokierten sich über seinen teils sehr eigenen Moderationsstil. Häme wurde im Lauf der mittlerweile mehr als 20 Jahre dauernden Karriere kübelweise über Silbereisen ausgeschüttet.

Die Silbereisen-Häme endete lange nicht: Noch im Jahr 2012 ging ein Zitat von Thomas Gottschalk durch die Medien. Der ehemalige *Wetten, dass...?*-Moderator bezeichnete Silbereisen schlicht als den »größten Irrtum der Fernsehgeschichte«. Wie in der Medienbranche üblich, ruderte Gottschalk zwar kurze Zeit später zurück und bezeichnete Silbereisen nun als »ausgesprochen netten Kerl«. Doch der einmal geäußerte Satz ließ sich nicht wieder einfangen und vergessen machen, er sollte Silbereisen immer wieder begegnen, wenn er erneut kritisiert wurde.

Vor allem Helene Fischers Manager Uwe Kanthak dürfte bewusst gewesen sein, dass der Auftritt seines Schützlings beim *Hochzeitsfest der Volksmusik* zwar einerseits eine große Chance darstellte, seinem neuen Nachwuchsstar sehr schnell vor einem Millionenpublikum zu einiger Bekanntheit zu verhelfen. Ihm dürfte aber ebenso klar gewesen sein, dass er damit auch ein gewisses Risiko einging. Schließlich konnte Helene Fischer auf diese Weise schnell abgestempelt sein, könnte vor allem vom jüngeren Publikum abgelehnt werden, das Florian Silbereisen ebenso wie Volksmusik rundum verabscheute.

Hinzu kam, dass es zu jener Zeit in der Welt des Schlagers wenig Neues gab und man sich vor allem an der Popularität der längst vergangenen Glanzjahre des Schlagers und der Volksmusik orientierte.

Das zeigt auch der offizielle Text des Senders ARD zur Ankündigung der Show. Der widmete sich zunächst einmal den möglichen Hochzeiten der Kandidaten. Dann ging es jedoch um die Aufritte der Künstler, und von denen hatte außer DJ Ötzi kaum jemand nennenswerte Erfolge in jüngerer Zeit vorzuweisen:

»Große Gefühle zeigen auch Künstler wie Eberhard Hertel und DJ Ötzi, die ihren extra angereisten Frauen ein Ständchen singen werden. Auch Petra Kusch-Lück und Roland Neudert schwören sich musikalisch: ›Wir wollen niemals auseinandergehen.‹

Musik am Stück, besser gesagt Kultmusik am Stück, präsentiert Dieter Thomas Heck in einer *Hitparade*. Ihre großen Hits singen unter anderem Roland Kaiser, Karel Gott und Lena Valaitis.

Apropos *Hitparade*: Dauergast in den Top Ten war in den fünfziger und sechziger Jahren auch die Österreicherin Lolita. Der Plattenstar hat längst die Noten zu den Akten gelegt, doch für das *Hochzeitsfest der Volksmusik* wird sie noch mal an ihre Erfolge wie *Seemann, deine Heimat ist das Meer* erinnern.

Weit gereist ist Leinwandstar Pierre Brice, der ein deutsch-französisches Liebeslied singen wird.

Außerdem im *Hochzeitsfest*: Toni, die klaane Flugficht, das MDR Deutsche Fernsehballett und die Wildecker Herzbuben.«

Das also war das Umfeld für den Beginn einer neuen Karriere. Ein Umfeld, das so gar nicht an etwas wie Neustart oder Neuanfang denken lässt.

Was gleichermaßen auch für Helene Fischer – oder zu diesem Zeitpunkt noch Helen Fißher – an jenem Tag galt. Sie sollte eben keine Neukompositionen singen, keine zeitgemäßen Interpretationen des Themas Schlagers.

Ihr erste vor großem Publikum gesungene Liedzeile »Komm mit nach Varasdin« stammte aus der Operette *Gräfin Marizda*, die von Emmerich Kálmán komponiert und im Jahr 1924 erstmals aufgeführt wurde.

Weiter ging es im gleichen Stil: Mit *Nimm Zigeuner deine Geige* folgte ein Stück aus einer weiteren Operette, der *Csárdásfürstin* von 1915.

Den Abschluss schließlich bildete *Ja das Temprament, ja, das Temprament, ja das liegt mir im Blut*. Der Titel bildete die jüngste Komposition in dem Melodienreigen: Er stammte aus der 1937 uraufgeführten Operette *Maske in Blau*.

In der Zusammenschau könnte all das eher als Patentrezept für einen Misserfolg beim Karrierestart gewertet werden. Doch wie man mittlerweile weiß, war es genau das nicht. Uwe Kanthak hatte den richtigen Riecher, Helene Fischer hatte die Chance genutzt.

Sie quälte sich nicht widerwillig durch das sogenannte Ungarn-Medley mit Florian Silbereisen. Vielmehr sang sie mit glasklarer Stimme, tanzte gemeinsam mit dem Moderator und lächelte auf eine Weise, die das Publikum sofort in den Bann zog. Nicht eine Spur von Nervosität war der Debütantin anzumerken. Zwar wirkte sie in einigen winzigen Momenten etwas unentschlossen, wohin sie nun blicken sollte, was sie mit ihren Händen anstellen konnte. Doch das alles fiel nur demjenigen auf, der ihren Auftritt mit der Lupe betrachtete und jede winzige Regung registrierte. Am Ende verhaspelte sie sich nicht einmal, als sie nach dem lange trainierten Gesang auch noch die ersten gesprochenen Worte vor dem Millionenpublikum formulierte. Gerade hatte Florian Silbereisen die Zuschauer auf den Premierenauftritt der Frau namens Helen Fišher hingewiesen, da ergänzte sie mit der Aufforderung »Und einen herzlichen Applaus für Florian

Silbereisen«, als hätte sie nie etwas anderes getan, als auf der riesigen Bühne zu Fernsehdeutschland und dem Livepublikum zu sprechen. Weiter ging es dann nahtlos mit Tanz und Gesang im Duett mit Silbereisen.

All das war im Vergleich zu dem, was Helene Fischer heute leistet, eine leichte Übung. Doch dieser erste Auftritt dürfte bei dem Management und dem Team, das sich um Helene Fischer kümmerte, der womöglich entscheidende Auslöser gewesen sein.

Jeder, der auch nur ansatzweise an der jungen Künstlerin gezweifelt hatte, wusste nun, dass man es mit einem Naturtalent zu tun hatte. Einer jungen Frau, die spontan zu professioneller Leistung fähig war, auch wenn sie in das sprichwörtlich kalte Showgeschäfts-Wasser geworfen wurde. Die zwar vor Kurzem noch in Tränen ausgebrochen war, weil man sie in die Schlagerschublade stecken wollte, aber auf der Bühne jeden eventuell existierenden Zweifel hinter einer strahlenden Fassade verbergen konnte, selbst wenn man von ihr nicht nur Schlager, sondern gar Operette im ungarischen Stil an der Seite eines polarisierenden Moderators verlangte.

Dass Helene Fischer und Florian Silbereisen später ein Paar werden sollten, ließ sich allerdings an jenem Tag noch nicht erahnen. Zwar sprachen beide später davon, dass sie sich auf Anhieb sympathisch waren, und sie sollten in der nun folgenden Zeit auch noch häufiger gemeinsam auf Bühnen stehen. Doch über die anfängliche Sympathie und wohl auch einem Freundschaft nahekommenden Miteinander ging die Beziehung zunächst nicht hinaus. Jedenfalls, wenn man den übereinstimmenden Beteuerungen der beiden Glauben schenkt. Schließlich war Helene Fischer ja noch mit ihrem Freund zusammen, den sie auf der Stage &

Musical School kennengelernt hatte. Außerdem ging es in ihrem Leben vorrangig um ganz andere Dinge – eine CD zum Beispiel.

KAPITEL 2

Zaubermond

Und morgen früh küss ich dich wach: Worte einer Dame

W er heute auf die Karriereanfänge von Helene Fischer zurückschaut, wird ziemlich schnell feststellen, dass diese Zeit außergewöhnlich verlief.

Der übliche Gang der Dinge wäre gewesen, dass eine junge Künstlerin erst einmal auf Tingeltour zu kleinen Veranstaltungsorten geschickt worden wäre, um danach mit etwas Glück einen Plattenvertrag zu ergattern. Käme dann noch mehr Glück in Form von messbaren Verkaufserfolgen hinzu, dann würde eventuell eine weitere Tournee durch kleine, aber nicht mehr ganz so kleine Clubs organisiert. Ginge auch das gut und kämen tatsächlich zahlende Besucher, dann würden möglicherweise die Medien auf den Künstler aufmerksam, es gäbe Interviewanfragen von der Lokalpresse und dem Radio. Am Ende dieser Ereigniskette stünde unter Umständen sogar ein erster Auftritt im Fernsehen.

Nur geschah all das bei Helene Fischer in genau umgekehrter Reihenfolge. An erster Stelle stand bekanntlich der Auftritt vor einem Millionenpublikum, also das, was niemand von einer Debütantin erwarten konnte. Darauf folgten der Plattenvertrag bei einem großen Label und fast gleichzeitig die Einladung zu einer Tournee, die durch zig Städte und die größten verfügbaren Hallen führen sollte. Erst danach begann schließlich das Tingeln durch Einkaufszentren und ähnliche Orte, um den Verkauf der ersten CD anzukurbeln.

Aber der Reihe nach. Der gewagte Versuch eines Karrierestarts mit einem ungarischen Operetten-Medley war nicht der einzige Punkt auf dem Karriereplan für Helene Fischer. Zusätzlich verhandelte man auch mit Plattenfirmen, Komponisten und Produzenten.

Auch der Komponist Jean Frankfurter kam wieder ins Spiel, der ja schon gemeinsam mit Manager Uwe Kanthak und dessen Exfrau Kristina Bach erfolgreich mit der Sängerin Michelle gearbeitet hatte.

Frankfurter war schnell überzeugt von dem neuen Talent und erklärte sich bereit, mit ihr zu arbeiten. Wenig später war dann auch eine Plattenfirma mit im Boot: EMI.

Das war nicht irgendein Plattenlabel, sondern es handelte sich zu jener Zeit um das größte der Welt. Einen Rang, den die Firma über einen Zeitraum von 50 Jahren halten konnte. Allein im Geschäftsjahr 2005/2006 machte das internationale Unternehmen EMI Music einen Umsatz von rund zwei Milliarden Euro. Im Jahr 2008 repräsentierte EMI Music 14 000 Künstler in aller Welt, EMI Music Publishing wiederum verfügte als größter Musikverlag der Welt über einen Katalog von mehr als einer Million Titeln.

Ein Unternehmen wie dieses erhält täglich unzählige Anfragen von Künstlern, die um einen Plattenvertrag betteln. Der überwiegende Teil von ihnen wird abgewiesen.

Wenn man aber doch einmal einen Vertrag mit einer vollkommen unbekannten und sehr jungen Sängerin abschloss, dann bedeutete das, dass die erfolgsverwöhnten und erfolgsgewohnten Manager sich davon etwas versprachen. Sie betrachteten daher auch nicht die Künstlerin allein, sondern ebenso das Team, das hinter ihr stand. In diesem Fall ein Team, das bekanntlich schon eine ganze Reihe erstaunlicher Erfolge vorweisen konnte – auch wenn einige bereits eine Weile zurücklagen und nicht immer von großer Dauer gewesen waren.

Auf jeden Fall aber bedeutete der Plattenvertrag, dass einer der wichtigsten Meilensteine in Richtung Zukunft genommen war. Nun ging es vor allem darum, dass auch das erste Produkt überzeugen musste.

Was damals im Studio von Jean Frankfurter alias Erich Ließmann entstand, das waren Titel, die fast ausnahmslos zu Helene-Fischer-Klassikern reiften. Werden diese Titel gesungen, dann glauben die Fans ihrer Helene jedes Wort und sehen beim Hören der CD das Bild der Sängerin vor sich.

Natürlich auch bei einem Lied wie *Und morgen früh küss ich dich wach*, mit dem vor allem männliche Zuhörer eventuell auch Wünsche und Fantasien verbinden. Schließlich ist es nicht unangenehm, sich angesprochen zu fühlen, wenn der Star Zeilen singt, in denen sie erzählt, dass sie viel Zärtlichkeit braucht, dass ihr Geliebter für sie das Wichtigste ist und dass sie ihn am nächsten Morgen wach küssen wird.

Irritierend wird die Sache jedoch, wenn das Kopfkino auf die Realität trifft. Und zwar auf jene Person, die diese Worte geschrieben hat. Dann würde der eben noch verzückt an Helene Fischers Antlitz denkende Zuhörer nämlich mit dem Bild einer mittlerweile achtzigjährigen Dame konfrontiert.

Denn mit Beginn der Arbeiten an dem ersten Album kam eine weitere Person in das Team, die den Schlager oder die neuere deutsche Musik insgesamt ähnlich prägte, wie es Jean Frankfurter seit Jahrzehnten tat. Es handelte sich um Irma Holder.

Außerhalb der Branche kennt diesen Namen kaum jemand, innerhalb der Branche allerdings ist er fast schon legendär. Dass Irma Holder ein Pseudonym ist und die 1930 geborene gelernte Bankkauffrau als Irmgard Ederer zur Welt kam, das kann in diesem Umfeld fast schon als typisch gelten. Weniger typisch, sondern außergewöhnlich ist die kreative Schaffenskraft der Texterin. Im Laufe ihres Lebens sollen mehr als 1000 Titel entstanden sein – und damit sind nur jene Texte gemeint, die den Weg aus der Schreibstube fanden und nicht zuvor im Papierkorb landeten.

Geschrieben hat Irma Holder für so gut wie jeden, der als deutscher Sänger oder Sängerin einen bekannten Namen trug und Erfolge feierte. Roy Black sang ihre Worte ebenso, wie es Udo Jürgens tat. Irma Holder textete für Wencke Myhre, Vicky Leandros, Michelle, Semino Rossi oder auch die Kastelruther Spatzen. Und wenn Howard Carpendale sang: »Hello Again«, dann tat er es, weil genau diese Worte und die darauf folgenden Textzeilen Irma Holder eingefallen waren. Unter allen großen Erfolgen sollte *Hello Again* der größte Coup der Texterin bleiben.

Dass Jean Frankfurter die damals schon über siebzigjährige Frau mit einspannte, als es um die Titel für die Erstlings-CD von Helene Fischer ging, dafür gab es einen ebenso einfachen wie wichtigen Grund: Beide arbeiteten seit vielen Jahren zusammen an immer wieder neuer Musik, sie waren ein eingespieltes Team und hatten in der langen Zeit ihre ganz persönliche Form der Zusammenarbeit entwickelt.

In der Öffentlichkeit redeten weder Jean Frankfurter noch Irma Holder gerne über ihre Arbeit. Während ihrer Zeit als Autoren für die Sängerin Stefanie Hertel gaben sie jedoch einmal gemeinsam ein Interview für das heute nicht mehr existente Online-Portal hitfamily.de.

Darin ging es natürlich vorrangig um die Arbeit mit Stefanie Hertel, doch es gab auch Äußerungen zur persönlichen Musikeinschätzung und zu ihrer Zusammenarbeit.

Beide machten dabei unter anderem deutlich, wie wenig sie davon hielten, wenn Musik ständig neuen Modetrends unterworfen werde und Komponisten versuchten, auf den gerade Erfolg versprechenden Zug aufzuspringen.

Irma Holder sagte dazu: »Musik, die einem Modetrend angepasst ist, überlebt oft den nächsten Sommer nicht. Gute Musik und gute Lieder sind einfach zeitlos.«

Jean Frankfurter stimmte ihr uneingeschränkt zu: »Eine gute Melodie ist zeitlos. Nur die Verpackung der Arrangements ändert sich.«

Auch der immer wieder geäußerte Vorwurf, Volksmusik und Schlager seien eine Heile-Welt-Musik, kam in dem Interview zur Sprache. Hier waren Frankfurter und Holder sich ebenfalls einig. Die Texterin wies darauf hin, dass viele der Kritiker in den Festzelten lauthals mitsängen, weil diese Musik einfach dazu verführe.

Jean Frankfurter wiederum erklärte: »Volksmusik ist in einer problembeladenen Welt wie der unseren ein Ventil zum Abschalten. Sie macht einfach gute Laune.«

Weiter ging es in dem Interview unter anderem mit dem Thema, wie in der Zusammenarbeit des Komponisten und der Texterin die endgültigen Stücke entstünden und wie denn eigentlich so ein Song »geboren« werde.

»Das Wort ›geboren‹ stimmt hier wirklich!«, antwortete Irma Holder. »Die richtige Idee zu finden, ist manchmal schlafraubend. Zuerst muss der Komponist begeistert sein, damit ihm eine Melodie dazu einfällt. Das Rohprodukt wird von Jean Frankfurter auf Band gesungen mit la, la, la und landet dann bei mir auf dem Schreibtisch. Dann wird zwischendurch mal eine Tasse Kaffee getrunken, bis mir der Text einfällt. Das Lied sollte dem Interpreten auf den Leib geschneidert sein, muss ihm gefallen. Wenn es dann auch noch den Fans gefällt, umso besser!«

Ähnlich fasste Jean Frankfurter in dem Interview die Herangehensweise zusammen, wenn auch aus der Sicht des Komponisten: »Irma überlegt eine Textzeile, ich schreibe eine fertige Melodie dazu, Irma schreibt dazu den Text, fertig. Ich programmiere im Studio dann die Musik und anschließend kommt Stefanie (Hertel in diesem Fall) und singt. Danach kommt der Chor drauf, dazu kommen noch Geigen, Gitarren, Bläser et cetera. Dann wird alles gemischt, und das Lied ist fertig.«

Das alles klang nach einem fast schon mechanischen Ablauf, was jedoch nicht darüber hinwegtäuschen sollte, dass beide auch eine ganz eigene künstlerische Handschrift pflegen.

Viele Schlagerfans sind nicht allein Anhänger der singenden Künstler, sondern es gibt ebenso Fangruppen, die speziell auf Werke eines bestimmten Komponisten oder Texters Wert legen. Das Arbeitsduo hat deshalb auch unabhängig vom jeweiligen Interpreten einen recht großen Kreis von Anhängern.

Bei Jean Frankfurter schätzen diese Menschen dessen ganz eigenen Sound, der ihn von anderen Schlagermachern unterscheidet. Bei Irma Holder ist es die Art und Weise, wie sie Texte schreibt und welche sprachlichen Bilder sie darin nutzt.

Auch Helene Fischers erstes Album enthält Textpassagen, die Kenner fast schon traumwandlerisch sicher als ein Holder-Werk identifizieren können.

So gilt es als typisch für die Texterin, dass speziell die liebende Frau sich immer noch ein Hintertürchen offen lässt oder von ihrem Liebsten nicht alles, aber immerhin etwas will. Das zeigt sich auch in dem Titel *Und morgen früh küss ich dich wach*, den Helene Fischer singt. Darin geht es zunächst einmal um Liebe, Nähe und Zärtlichkeit, aber auch darum, dass der geliebte Mensch dem Partner zwar nicht ganz gehört, manchmal aber aus vollem Herzen gebraucht wird. Eine Wortwahl und dazu Formulierungen, die als typisch für Holder gelten.

Ein weiteres wiederkehrendes Merkmal in den von Irma Holder betexteten Schlagern ist das Bild des brennenden Himmels, mit dem sie große Gefühle oder besonders tiefe Liebe umschreibt. Auch diese Symbolik lässt sich auf dem ersten Helene-Fischer-Album finden. Etwa in dem Stück *Feuer am Horizont*, das schon durch seinen Titel auf Irma Holder als Autorin verweist.

In den Strophen werden die Bilder aus Feuer, Horizont und Lieben dann noch weiter ausgeführt. Es geht um das Feuer am Horizont, ein Feuer, das lodert, ohne dass ihm Grenzen gesteckt werden. Weiter geht es mit der niemals schweigenden Sehnsucht tief im Herzen – wo sie dann auch lodert beziehungsweise brennt.

Doch Irma Holder war nicht als einzige Texterin an dem Erstlingswerk beteiligt. Den größeren Teil an Texten brachte Kristina Bach ein. Die Sängerin, Michelle-Entdeckerin und Exfrau von Uwe Kanthak konnte ebenfalls auf eine mittlerweile viele Jahre andauernde Karriere als Texterin für Schlager zurückblicken – sie pflegt jedoch einen erkennbar anderen Stil. Was sicherlich nicht zuletzt auch an den rund 30 Jahren Altersunterschied zwischen ihr und Irma Holder liegt.

Zwar greift auch sie gerne mal das Thema Feuer auf, wie bei dem Titel *Engel geh'n durchs Feuer*, der als einer von insgesamt zwölf Stücken den Weg auf das Debütalbum fand. Insgesamt bedient sich Bach aber einer grundsätzlich jünger wirkenden Sprache. Da tanzt man sich schon mal die Erinnerung an jemanden aus dem Kopf, es wird an anderer Stelle auch häufig mit umgangssprachlichen Begriffen wie »total« gearbeitet – man glaubt also im Text nicht einfach an jemanden, sondern glaubt total an ihn.

Als das Album schließlich fertig war, stand es sieben zu fünf. Während Irma Holder fünf Texte beisteuerte, stammten sieben von Kristina Bach.

Sie war es auch, die jene Worte fand, die als Titel für das erste Album von Helene Fischer gewählt wurden und die zur wohl ersten dauerhaft erfolgreichen Schlagerhymne der Sängerin werden sollten: *Von hier bis unendlich.*

Dass das Lied zum Dauerbrenner wurde, lag an der eingängigen Melodie wie an Helene Fischers Stimme. Hinzu kommt, dass gerade der Text bei den Fans immer noch oder immer mal wieder für Diskussionen sorgt.

Geht es darin doch um eine Beziehung, die recht spontan und nichtsdestotrotz hoffnungsvoll begann, die dann aber zu einem Moment führte, der zu der Frage veranlasste, ob das alles vielleicht nur Illusion war.

Die Macher der »Volksmusik-Feste« hatten schnell erkannt, dass das Publikum die junge Sängerin mochte: Man lud sie ein, an der großen Tournee *Überraschungsfest der Volksmusik* teilzunehmen.

Das war nach der Fernsehshow als einer Riesenchance der vermutlich nächste entscheidende Karriereschub für Helene Fischer.

Die Tournee sollte ab Herbst 2005 für mehrere Monate durch Deutschland führen und bot Helene Fischer somit eine perfekte Plattform.

Zwar waren die Arbeiten an ihrem ersten Album zu diesem Zeitpunkt schon weitestgehend abgeschlossen, erhältlich war die CD jedoch noch nicht, sie sollte erst im Februar 2006 in die Läden kommen.

Im Grunde wurden Helene Fischer im Jahr 2005 also gleich mehrere Chancen geboten, die zunächst unglaublich erschienen, am Ende aber die Basis für den Erfolg von heute bildeten.

Die Tournee des Überraschungsfestes dauerte von Herbst 2005 bis zum Frühling des Folgejahres. Mit dabei neben dem damals noch als »jüngstem Showmaster« beworbenen Florian Silbereisen unter anderem Stars wie Angelika Milster und DJ Ötzi sowie Volksmusik-Prominenz wie Patrick Lindner, Maria & Margot Hellwig, Original Naabtal Duo und Angela Wiedl.

Wer Volksmusik immer noch als Nischenphänomen und als etwas kleinredet, das nur eine begrenzte Gruppe ewig Gestriger beschäftigt, der dürfte spätestens dann ins Grübeln kommen, wenn es um das Ausmaß dieser auch in den Folgejahren noch jährlich stattfindenden Tournee geht.

Dabei handelt es sich mitnichten um ein Grüppchen volkstümlicher Musiker, die mit der Klampfe in der Hand und der Trachtenmütze auf dem Kopf auf Reisen gehen. Das tourende *Überraschungsfest* ist ein Großunternehmen, hinter dem ein beachtlicher Aufwand steckt. Mehrere riesige Trucks sind nötig, um die gesamten Requisiten von einem Auftritt zum nächsten zu transportieren.

Außerdem spielt man nicht in irgendwelchen Hallen, gebucht werden durchweg die größten zur Verfügung stehenden Veranstaltungsorte. Denn nicht nur der Aufwand ist immens, auch das Interesse des Publikums dürfte manchen erfolgreichen Pop- und Rockmusiker vor Neid erblassen lassen. Die Tour der Saison 2005 und 2006 gastierte an nicht weniger als 55 Orten und war bis zum letzten Platz ausgebucht.

Genau aus diesem Grund stellte das *Überraschungsfest* die perfekte Bühne für Helene Fischer dar, auch wenn es immer noch eine Spur gewagt war, eine neue Künstlerin vorerst nur in einem volkstümlichen Umfeld zu präsentieren und sie damit in eine Schublade zu stecken. Doch die Shows gaben Helene Fischer eine Gelegenheit, die sie an anderer Stelle niemals bekommen hätte: Zwar war ihr Album bekanntlich noch gar nicht erschienen, doch schon vor der Veröffentlichung konnte sie Titel daraus vor Tausenden und Abertausenden Zuhörern singen. Die bekamen zusätzlich noch den Eindruck, dass diese mit einem Körpermaß von gerade einmal 1,58 Metern zierliche und außerdem blutjunge Person nicht nur in einem Fernsehstudio und womöglich zu einem Playback auftreten konnte, sondern auf der echten Bühne auch live singen und ihr Talent somit endgültig unter Beweis zu stellen wusste.

Aus der Zeit dieser Tournee stammt auch eines der ersten gefilmten Interviews mit Helene Fischer. Die Bilder zeigen eine junge Frau, die zu diesem Zeitpunkt nur ansatzweise fassen kann, welche Chancen sich ihr gerade bieten. Wer sie in diesem Interview hört und sieht, der erkennt eine noch sehr jugendliche und unerfahrene Helene Fischer, die sich ebenso überrascht wie glücklich gibt.

Sich selbst noch so gar nicht als Star begreifend, erklärte sie zunächst einmal, wer sie denn eigentlich sei. Dieses »wer« hatte allerdings seit dem ersten Fernsehauftritt neben Florian Silbereisen bereits seine endgültige Form gefunden. Wurde sie wenige Monate zuvor von Florian Silbereisen noch als Helen angekündigt, sagte sie nun: »Mein Name ist Helene Fischer, ich bin 21 Jahre alt – und habe zurzeit das ganz große Glück zu erfahren, was es heißt, meinen Traum zu verwirklichen. Denn mein Album ›Von hier bis unendlich‹ wird jetzt bald veröffentlicht.«

Diese Veröffentlichung wurde am 3. Februar 2006 Realität – und sie brachte schnell weitere Erfolge auf der einen Seite, auf der anderen Seite aber auch ein Zurück in die Mühlen, die ein Neuling im Musikgeschäft durchlaufen muss. Selbst wenn er wie Helene Fischer eigentlich schon Größeres gewohnt war.

Die Sonne kann warten: Basisarbeit

Schaut man rückblickend auf die Ereignisse des Jahres 2006 im Leben von Helene Fischer, dann könnten diese zwölf Monate auch den schnellen Abstieg einer gerade erst bekannt gewordenen Musikerin markieren. Denn stand sie Anfang des Jahres wieder auf der großen Fernsehbühne und vor einem riesigen Publikum, beschloss sie das Jahr hingegen mit Auftritten in Einkaufszentren, in denen nur wenige Dutzend Passanten ihre Shoppingtour unterbrachen, um sich Zeit für die junge Sängerin zu nehmen.

Fangen wir mit dem Ende des Jahres an: Am 16. Dezember, wenige Tage vor Weihnachten, trat Helene Fischer in Schönebeck auf. Eine Stadt, über deren Existenz die Welt sich bislang wenig Gedanken gemacht hat. Schönebeck ist eine kleine Stadt mit rund 30 000 Einwohnern im Osten Deutschlands. Genauer gesagt ist Schönebeck im Salzlandkreis zu finden, der zum Bundesland Sachsen-Anhalt gehört – rund 15 Kilometer südlich der Landeshauptstadt Magdeburg direkt an den Ufern der Elbe.

In seiner knapp tausendjährigen Geschichte hat der Ort nur selten von sich reden gemacht. Was sich zu Schönebeck erzählen lässt, beschränkt sich im Grunde darauf, dass es einmal ein Salzbergwerk gab und zu DDR-Zeiten hier Traktoren und Häckselmaschinen gebaut wurden.

Das Einzige, was die Stadt an der Elbe kurzzeitig bekannt machte, war ein Ereignis, das als Eisenbahnunfall von Schönebeck in die neuere Geschichte einging. Im Jahr 1996 entgleiste bei Schönebeck ein Güterzug mit 18 Kesselwagen, die bis zum Rand mit dem brennbaren Gas Vinylchlorid gefüllt waren. Der Inhalt entzündete sich, es kam zu einer regelrechten Brandkatastrophe, bei der 18 Menschen verletzt wurden.

Abgesehen davon war und ist Schönebeck ein vollkommen durchschnittlicher Ort. Und wie so viele andere durchschnittliche Orte verfügt auch Schönebeck über ein Einkaufszentrum, das sogenannte E-Center. Vor dem hatte man am 16. Dezember nicht nur einen für die vorweihnachtliche Zeit typischen Weihnachtsbaum aufgebaut. Es befand sich dort auch ein Plakatständer mit dem Abbild von Helene Fischer und dem auf einen gelben Zettel gedruckten Hinweis auf die an diesem Tag stattfindende Autogrammstunde.

Nun lockt man Besucher nicht einfach damit an, dass man eine leidlich bekannte Sängerin an einen Tisch setzt und sie Autogramme schreiben lässt. So etwas wie ein Showprogramm gehört auch dazu. Also baute man in dem Center eine etwas improvisiert wirkende Bühne auf, die aus wenig mehr bestand als einer mit grünem Kunstrasen belegten Empore, einer golden glitzernden Girlande und einer mit vermutlich allen verfügbaren Helene-Fischer-Plakaten beklebten Wand.

Auf die Empore sprang schließlich die mit schlichter schwarzer Hose und einem weißen Oberteil bekleidete Sängerin – und sang. Zur Musik vom Band und in grässlicher Akustik hörten die in losen Grüppchen stehenden und durchweg mit dicken Winterjacken bekleideten Besucher

Titel wie *Am Ende sind wir stark genug*, was man in dieser Situation auch Helene Fischer nur wünschen konnte. Die absolvierte den Auftritt jedoch routiniert mit einem Lächeln. Dann machte sie sich ebenso routiniert und professionell ans Autogrammschreiben, danach ließ sie sich ohne Murren noch von einem Center-Manager in den Arm nehmen, bedankte sich brav für den überreichten Blumenstrauß – und damit war die Episode Schönebeck auch schon beendet. Eine Episode, die so gar nicht glamourös wirkte und deren Hauptperson statt Helene Fischer auch eine der vielen ehemaligen Kurzzeit-Berühmtheiten hätte sein können, die sich mit solchen Terminen noch ein paar mühsame Euros verdienen.

Tatsächlich aber war Helene Fischer im Jahr 2006 noch keineswegs vom Thron der Prominenz wieder abgestiegen, das Gegenteil war der Fall. Eigentlich hätte sie sich solche Termine nämlich fast schon schenken können, wäre sie nicht die, die sie war und ist – ein Star zum Anfassen, der mit beiden Beinen fest auf dem Boden geblieben ist. Viele andere hätten sich nach einem Jahr, wie es Helene Fischer damals erlebt hatte, vermutlich von dieser Nähe zur Fan-Basis entfernt, hätten sich in ganz anderen Sphären bewegt. Denn 2006 bedeutete für die Sängerin nicht weniger als eine Aneinanderreihung von Erfolgen und den schnellen Durchbruch im Showgeschäft.

Begonnen hatte dieses Jahr so, wie 2005 endete. Weiter zog Helene Fischer mit dem *Überraschungsfest der Volksmusik* von einer großen Bühne zur nächsten. Auch auf dem Fernsehbildschirm war sie schon bald wieder zu sehen. Vor allem aber gab es Helene Fischer nun auch mit eigenen Liedern auf CD: Am 3. Februar 2006 erschien der Erstling »Von hier bis unendlich«. Einen Tag später, am 4. Februar, war die Sängerin erneut zu Gast bei Florian Silbereisen, der Jahreszeit entsprechend lautete der Titel der Sendung diesmal *Winterfest der Volksmusik.*

Ein Winterfest, das nicht zuletzt auch eine Helene-Fischer-Show war. Denn nun trat sie nicht nur einmal auf, sondern war gleich dreimal zu sehen – und jedes Mal konnte sie neue und vor allem noch unbekannte Facetten ihres Talents zeigen.

Die Facette, die man mittlerweile schon kannte, war die der Duettpartnerin von Florian Silbereisen. Gemeinsam fuhren beide in einem von zwei Ponys gezogenen Schlitten durch die Kulissen einer Winterlandschaft, sangen dabei einen Klassiker des Schweizer Schlagersängers Vico Torriani: *Zwei Spuren im Schnee.*

Facette zwei war für Helene Fischer selbst wie auch für ihr Management wohl die wichtigere. Endlich konnte sie sich nun auch als Sängerin mit einem eigenen Titel präsentieren. Anlässlich des *Winterfests* vom Februar 2006 konnte die Fernsehwelt die Premiere der Schlagersängerin Helene Fischer erleben. Der Titel *Feuer am Horizont* mit der Musik von Jean Frankfurter und dem Text von Irma Holder war als erste sogenannte Promo-Single dafür ausgewählt worden.

Doch das war noch längst nicht alles: An jenem Tag konnte das Publikum eine dritte Facette der Künstlerin erleben. Und zwar jene, die später fast in Vergessenheit geraten sollte. Schließlich hatte Helene Fischer während ihrer Ausbildung an der Stage & Musical School nicht nur an ihrem Gesangtalent gefeilt, sie wurde auch als Schauspielerin ausgebildet. Genau dieses schauspielerische Können zeigte sie nun im Rahmen eines Sketches. Gemeinsam mit dem Schauspieler und Kabarettisten Tom Pauls spielte sie das kurze Stück *Vor der Castingshow,* in dem es auf humorvolle Weise darum ging, dass es gerade Menschen mit einem regionalen Dialekt schwer haben, vor den Ohren der Jury einer

Castingshow zu bestehen. Dieser Sketch stellte sicherlich keinen Meilenstein der Schauspielkunst dar, trotzdem erwies sich Helene Fischer auf diesem Terrain als professionell und talentiert.

Gerade die Sketche in volkstümlichen Sendungen sind vor allem für Kritiker des Volkstümlichen immer wieder ein Anlass zum sogenannten Fremdschämen – genau das wurde aber auch bei kritischer Betrachtung des Sketches in keinem Moment ausgelöst.

Das *Winterfest* verschaffte der Popularität Helene Fischers einen weiteren Schub. Der kam allerdings nun endlich nicht mehr daher, dass man die Person im Fernsehen oder im Duett mit einem Moderator und beim Singen volkstümlicher Klassiker erleben wollte.

Vor allem stieg nun das Interesse an der eigenen Musik der Künstlerin.

Noch immer aber bewegte sich Helene Fischer in einer Nische. Das war auch davon abhängig, welche Ränge ihr Album und die Auskopplungen von Singles in den Hitparaden einnahmen.

Denn in den alle musikalischen Genres erfassenden internationalen Charts tauchte die Schlagersängerin noch nicht auf, und es sollte auch noch eine Weile dauern, bis sich daran etwas änderte.

Allein bei den Schlagercharts sah es anders aus. Zwar fand sich direkt nach dem Auftritt beim *Winterfest* noch keine Spur von Helene Fischer auf diesen vor allem vom Mitteldeutschen Rundfunk (MDR) ermittelten Ranglisten. Die Top Ten beherrschten im Februar und auch im März des Jahres noch andere.

Dies änderte sich jedoch im April 2006. Wobei man wissen muss, dass die Charts, die für den Monat April veröffentlicht wurden, darauf beruhten, welche Titel die Zuhörer des Senders

MDR 1 nicht in diesem Monat am liebsten hörten, sondern schon Wochen vorher und zwar exakt vom 25. Februar bis zum 19. März – und damit im Grunde im direkten Anschluss an den Fernsehauftritt.

In dieser kurzen Zeit waren die Bekanntheit und vor allem die Beliebtheit der Sängerin immens gestiegen. So sehr, dass sie sich nun auf dem vierten Platz der Schlagercharts wiederfand. Vor sich hatte sie nur noch bekannte Größen wie G. G. Anderson, Nicole sowie Brunner & Brunner – zwei Plätze hinter ihr befand sich übrigens Kristina Bach, die für so viele Texte auf Helene Fischers Debütalbum verantwortlich zeichnete.

Während die genannte Konkurrenz nach hinten durchgereicht wurde, hielt der Titel *Feuer am Horizont* seinen Platz auch im Mai.

Doch das Team um Helene Fischer hatte ja nicht nur diesen einen Titel im Repertoire: Schon im Juli des Jahres setzte der Titelsong des Albums »Von hier bis unendlich« den Erfolg fort, erreichte ebenfalls den vierten Platz.

Der ganz große Sprung gelang dann im November 2006: Helene Fischer hatte ihre erste Nummer eins gelandet. Die dritte Single-Auskopplung beziehungsweise die Promotionsingle *Und morgen früh küss ich dich wach* erreichte die Spitze der Schlagercharts.

Doch bis dahin hatte sich noch so einiges mehr zugetragen, in einem Erfolgsjahr, das so wohl niemand erwarten konnte. Helene Fischer absolvierte zahlreiche Fernsehauftritte, stellte unter anderem im August im *ZDF-Fernsehgarten* schon den späteren Nummer-eins-Hit vor.

Außerdem wurde sie gleich mehrfach ausgezeichnet, erhielt zum Beispiel vom Südwestrundfunk (SWR) einen Preis als beste Nachwuchskünstlerin. Bei der *MDR-Hitsommernacht* ging sie sogar als Gesamtsiegerin hervor – ein unerwarteter

Sieg, wie sie später erklärte. Nie hätte sie mit diesem Erfolg gerechnet, erzählte sie im Interview. Als Olaf Berger auf dem dritten und Schlagerlegende Bernhard Brink auf dem zweiten Platz landeten, habe sie zwar vermutet, dass eine Frau den ersten Platz einnehmen würde. Dass sie es selbst sein sollte, daran hätte sie allerdings nicht gedacht. Als dann jedoch ihr Bild erschien, habe sie gedacht: »Das darf nicht wahr sein« – sie habe es schlicht nicht fassen können.

Neben den Auszeichnungen und der Präsenz als Sängerin lernte das Publikum im Jahr 2006 erstmals auch mehr von der privaten Helene Fischer kennen. Denn nun kamen auch erste Einladungen zu Talkshows oder längere Interviews im Fernsehen. In der *Aktuellen Schaubude* des Norddeutschen Rundfunks (NDR) berichtete sie etwa von ihrer Herkunft und erklärte dazu, dass sie zwar russische Wurzeln habe, die Sprache jedoch kaum noch sprechen könne. Auch weil sie das während ihrer Teenagerjahre nicht gewollt habe, was sie mittlerweile allerdings bereue.

Eine unvermutete Seite der Sängerin lernte das Publikum im Jahr 2006 ebenfalls via Fernsehen kennen, auch wenn es sich dabei zunächst um eine nebensächliche Bemerkung handelte.

Kurz nach ihrem Geburtstag erschien Helene Fischer im August erneut in einer Sendung des MDR und bekam umgehend von der Moderatorin einen Blumenstrauß als nachträgliches Geburtstagsgeschenk überreicht. Begleitet von der Frage, ob ihr der Strauß aus Sonnenblumen denn überhaupt gefalle.

Die Antwort darauf lautete, dass Gelb ihr sehr gut gefalle – es sei ja ohnehin ihre Glücksfarbe, da sie im Sternzeichen des Löwen geboren sei.

Wer sich die typischen Merkmale des Löwe-Horoskops einmal anschaut, muss auch zugeben, dass sehr vieles darin an einen Menschen wie Helene Fischer erinnert.

Zu den charakteristischsten Eigenschaften des Löwen zählt, dass die in diesem Sternzeichen Geborenen eigentlich immer genau das bekommen, was sie wollen. Häufig ihr ganzes Leben lang. Das erreichen sie jedoch nicht auf die brutale Art, indem sie Konkurrenten zur Seite drängen oder sich wichtigmachen. Im Gegenteil: Löwe-Menschen gelten noch nicht einmal als sonderlich ehrgeizig. Sie wissen vielmehr sehr genau, was sie können, und zeigen anderen Menschen gern, was sie draufhaben.

Wichtig für diese Löwe-Menschen ist, dass sie ein Leben führen können, das ihren Fähigkeiten und Talenten gerecht wird. Das bedeutet: Hat ein Löwe das Talent zum Singen, dann wird er vermutlich nicht etwa als Anwalt erfolgreich, auch wenn eine von außen gewollte Ausbildung ihn auf diesen Weg bringt.

Ein Löwe muss mit dem Herzen bei der Sache sein, muss rundum davon überzeugt sein, dass er das tut, was für ihn richtig ist. Ist dies der Fall, dann treibt ihn kein wie auch immer gearteter Ehrgeiz dazu an, neue Ziele zu erreichen. Der von seinem Tun überzeugte Löwe kann vielmehr so intensiv wie kaum ein anderer arbeiten, wenn er sich auf dem richtigen Weg fühlt. Will ihn trotzdem jemand auf einen anderen Weg führen, dann ist dieser Versuch zum Scheitern verurteilt – der Löwe wird am Ende doch wieder den Weg einschlagen, den er für den eigentlich richtigen hält.

Wer das berücksichtigte, der konnte ebenfalls im Jahr 2006 schon erkennen, dass in Helene Fischers Kopf ganz eigene Ideen reiften.

Damals war jener Moment noch nicht lange her, als sie an dem Weg gezweifelt hatte, den man ihr vorgeschlagen hatte, sogar bei dem Gedanken an eine Zukunft in der Welt des Schlagers in Tränen ausgebrochen war.

Bedenkt man vor diesem Hintergrund die typischen Eigenarten des Sternzeichens, bedeutet das unter anderem, dass Helene Fischer anfangs trotz aller Erfolge doch lieber in eine etwas andere Richtung gesteuert wäre. Was sie auch deutlich aussprach. Gefragt, wie sie sich ihre Zukunft und vor allem ihre Karriere vorstelle, sagte die damals 22-Jährige, dass es zunächst am besten so weitergehen solle, wie es ja gerade erst angefangen habe, und sie sich erhoffe, dass ihr noch kleiner Fankreis weiter anwachsen werde.

Dann allerdings kam sie zu einem entscheidenden Punkt: Sie hoffe ebenfalls, dass sie irgendwann auch wieder zurück zur Musicalbühne könne oder dass sich beide Seiten vielleicht vereinen ließen, die Schlagermusik und das Musical. Die Interviewerin beendete das Thema zwar schnell – doch gesagt war gesagt. Damals mag die Äußerung vielleicht sogar ein wenig vermessen geklungen haben. Schließlich stand da eine völlige Newcomerin, die sich doch eigentlich über ihre Erfolge freuen und nicht jetzt schon nach Veränderung rufen sollte.

Die kommenden Jahre allerdings zeigten, dass Helene Fischer – die Löwin – sehr genau wusste, wohin die Reise gehen sollte, auch ihre persönliche Reise. Es dauerte zwar noch ein paar Jahre, doch das damals Unglaubliche geschah und Helene Fischer vermochte es, die beiden Seiten so zusammenzuführen, dass sie dann genau das tun konnte, was sie immer schon gewollt hatte.

Aber noch schrieb man das Jahr 2006, und das war eben erst der Anfang. Ein Anfang, der jedoch insgesamt fast 30 Fernsehauftritte umfasste.

Darunter waren erneut große Auftritte wie einmal mehr bei den »Festen« beziehungsweise der *Weihnachts-Show der Volksmusik* oder bei *Advent in den Bergen* für das ZDF. Zusätzlich absolvierte Helene Fischer zahlreiche Auftritte bei kleineren und regionalen Sendern. Nicht zuletzt bei jenem Sender, den man schon damals mit Fug und Recht als ihren Haussender bezeichnen konnte, dem MDR.

Dort konnte man nach der wiederholten Zusammenarbeit das Talent der Sängerin schon wesentlich besser einschätzen, als es an anderer Stelle der Fall war.

Daher war es auch der MDR, der Helene Fischer nicht nur auf der Bühne singen ließ, sondern ihr früh eine Chance gab, auch ihre anderen Seiten zu zeigen. Obwohl die Karriere der Sängerin im Grunde immer noch in den Kinderschuhen steckte, traute man ihr einen weiteren großen Schritt zu: Gemeinsam mit dem Kollegen Maxi Arland sollte Helene Fischer die Silvestershow des Senders unter dem Titel *Fit fürs Feiern* moderieren – was sie auch fehlerlos und charmant tat.

Das Ende des ersten wirklichen Helene-Fischer-Jahres bestand darin, dass sie gemeinsam mit Band und Komoderator Arland sowie Gästen das »Neujahrslied« sang – eine neu betextete Version des Klassikers *Marmor, Stein und Eisen bricht* von Drafi Deutscher. Eine Strophe des Textes ließ man Helene Fischer solo singen, und sie konnte kaum besser passen zum Abschluss dieses ersten echten Erfolgsjahres ihrer Karriere: Sie sang darüber, dass man nur an sich glauben müsse, um dann zu erkennen, dass Träume wirklich in Erfüllung gehen.

Auf der Reise ins Licht:
Goldene Überraschung

War 2006 ein erfolgreiches Jahr, dann war 2007 das Jahr, in dem Helene Fischer endgültig zum Star wurde. Was sie in der Zwischenzeit erreicht hatte, das machte spätestens der 15. September des Jahres deutlich – ohne dass die Sängerin selbst zunächst etwas davon ahnte. Für sie handelte es sich in erster Linie um einen anstrengenden und nicht zuletzt auch etwas nervenaufreibenden Tag. Gemeinsam mit ihrem Manager Uwe Kanthak war sie noch am späten Abend in dessen schwarzer Limousine auf der Autobahn unterwegs Richtung Sachsen. Doch die Fahrt verlief nicht so entspannt und auch nicht so zügig, wie sie es gewohnt war.

Vor allem Kanthak schien nur noch ein Schatten seiner selbst. Er klagte über Magenschmerzen, erklärte, dass er sich vermutlich eine Magen-und-Darmgrippe zugezogen habe. Die Strecke, die sie vor sich hatten, war zwar kaum länger als 200 Kilometer, eine Distanz, die bei normalem Verkehr etwa anderthalb Stunden Fahrt bedeutete.

Doch Kanthak fuhr wegen seiner Beschwerden nicht nur langsam, er steuerte auch jede Raststätte an, um sich dort umgehend zur Toilette zu begeben. Das summierte sich zeitlich so, dass sie für 170 Kilometer sagenhafte fünf Stunden benötigten. Noch immer hatten sie ihr Ziel nicht erreicht, als der Manager schon wieder die Autobahn verließ, weil ihn seine Beschwerden ein weiteres Mal zum Aufsuchen einer Raststätte zwangen.

Doch als der Wagen dann auf das Areal einer Autobahn-Tankstelle bei Chemnitz abbog, erlebte Uwe Kanthak eine Art Wunderheilung: Ihm ging es augenblicklich wieder gut, dafür blickte ihn nun Helene Fischer erstaunt und verwirrt an. An der Tankstelle hielt der Wagen direkt auf das gleißende Licht einer Fernsehkamera und einen mit einem Mikrofon in der Hand wartenden Reporter zu.

Die Sängerin war die Einzige, die nicht wusste, was hier geschah. Eingeweiht waren hingegen Millionen von Fernsehzuschauern, die das Geschehen live an den Bildschirmen verfolgten.

Eingeschaltet hatten sie das *Herbstfest der Volksmusik*. Dort hatte ihnen wenige Minuten zuvor Moderator Florian Silbereisen erklärt, dass man Helene Fischer überraschen wolle. Dann wurde zu dem Team auf dem Parkplatz geschaltet.

Nun blickte Reporter Roman Knoblauch in die ungläubigen Augen Helene Fischers. Die erfuhr jetzt, dass der Mann auf dem Fahrersitz, ihr Manager Uwe Kanthak, gar nicht so krank war, wie er es die ganze Zeit behauptet hatte. Vielmehr war Kanthak in die Pläne dieses Abends eingeweiht: Die Ausrede mit den Magenproblemen diente einzig dem Zweck, die Fahrtzeit so zu verlängern, dass der Wagen am Abend zur verabredeten Zeit von der Autobahn 4 auf das Tankstellengelände abbog. Von unterwegs hatte Kanthak sogar noch eine SMS an das Fernsehteam abgesetzt: »Ich schleiche wie ein Sonntagsfahrer und Helene wird bald wahnsinnig.«

Auch nach dem Stopp wurde Helene Fischer zunächst noch im Dunkeln gelassen, was das alles sollte. Der Reporter verwirrte sie zusätzlich, indem er behauptete, er hätte in einem Preisausschreiben ein nächtliches Kaffeetrinken mit ihr an der Tankstelle gewonnen. Wie überrascht die Sängerin von all dem war, zeigten ihre Reaktionen mehr als deutlich. Fand sie sonst auch in spontanen Interviewsituationen immer eine passende Antwort, schien sie nun von der Situation überfordert und antwortete mit kaum mehr als einem ratlosen »Hä?«.

Auch die Erklärung von Reporter Roman Knoblauch, er wolle das gemeinsame Kaffeetrinken in die Chemnitzer Stadthalle verlegen und den Kreis der Beteiligten um rund 2000 Live-Gäste erweitern, trug kaum zur Entspannung der Situation und vor allem nicht zu deren Auflösung bei. Erst als sie in die Limousine des Fernsehteams stieg, die sie zur Stadthalle bringen sollte, gab es ein erstes Verstehen: Im Armaturenbrett des Wagens befand sich der Bildschirm, der das *Herbstfest* übertrug, dort erkannte Helene Fischer nun sich selbst und vor allem den live moderierenden Florian Silbereisen.

Als Helene Fischer schließlich auf der Bühne des *Herbstfestes* erschien, war sie immer noch verwirrt, wusste einfach nicht, warum das alles geschah.

Nun allerdings kam der Punkt, an dem Silbereisen ihr erklärte, warum dieser Tag so voller Geheimnisse steckte: Alles wurde exakt so geplant, damit Helene Fischer die bislang größte Anerkennung ihrer Karriere überreicht bekommen konnte. Das Debütalbum »Von hier bis unendlich« hatte sich seit der Veröffentlichung mehr als 100 000 Mal verkauft, und die gerührte Helene Fischer bekam nun ihre erste Goldene Schallplatte. Nicht einmal zwei Jahre hatte ihr Weg von den Anfängen bis nach ganz oben an die Spitze gedauert.

Doch das war an diesem Abend noch nicht alles. Nachdem Helene Fischer einen Titel live vor dem Publikum gesungen hatte und vermutlich dachte, dass damit das Ende der Aufregungen und Überraschungen erreicht war, ließ Florian Silbereisen sie immer noch nicht los. Zwar beteuerte die Sängerin, das alles sei »ein bisschen viel auf einmal«. Doch der Moderator ließ sie noch nicht gehen, vielmehr fragte er, ob sie noch für eine weitere und letzte Überraschung bereit sei.

Zwei Monate zuvor, erzählte Silbereisen dem Publikum, hatte Helene Fischer den ersten Titel ihres neuen und zweiten Albums im Rahmen des *Sommerfestes der Volksmusik* vorgestellt. Nur eine Woche später dann habe das Album den Weg in die Top Ten gefunden.

Dieses Mal allerdings nicht in irgendwelche Charts, nicht nur in Hitparaden, die allein ein einzelnes Musikgenre wie den Schlager auflisteten. Vielmehr sei Fischers zweites Album, wie das Publikum nun erfuhr, in die Top Ten der internationalen Hitparade eingestiegen – jene offiziellen Charts, die in jenem Jahr von Künstlern wie Justin Timberlake, Pink oder Amy Winehouse dominiert wurden.

Bis zu diesem Abend nun, dem Abend der großen Überraschungen in der Stadthalle Chemnitz, hatte sich auch diese CD kaum elf Wochen nach der Veröffentlichung mehr als 100 000 Mal verkauft. Helene Fischer konnte also nach der ersten Goldenen Schallplatte am selben Abend gleich die zweite Goldene in Empfang nehmen.

Sie zeigte sich ein weiteres Mal nahezu sprachlos, sagte nur: »Das ist jetzt wirklich zu viel«. Doch dieses Gefühl dauerte nur einen kurzen Moment, dann schien die Sängerin zu begreifen, dass dieser Abend der Höhepunkt ihres bisherigen Lebens und damit auch der Höhepunkt eines an Höhepunkten und Ereignissen nicht armen Jahres war.

Ein Jahr, das mit intensiver Arbeit begonnen hatte. Schließlich musste das, was nun mit Gold ausgezeichnet wurde, ja erst einmal aufgenommen werden.

Helene Fischers zweites Album bedeutete im Grunde die gezielte Fortsetzung dessen, was mit dem Erstling »Von hier bis unendlich« begonnen hatte. Nummer zwei trug den Titel »So nah wie du« und beruhte wieder auf der mittlerweile schon bewährten Zusammenarbeit des Komponisten

Jean Frankfurter mit den Texterinnen Irma Holder und Kristina Bach. Allerdings erweiterte man das Team nun um noch eine Person. Es handelte sich um einen jungen Mann, der mit seiner seit früher Jugend gelebten Vorliebe für den Schlager in seinem Umfeld ähnlich ungewöhnlich wirkte wie der schon von Kindesbeinen an Volksmusik machende Florian Silbereisen.

Sein Name war Tobias Reitz. Zu Beginn der Zusammenarbeit war der im Oktober 1979 geborene Reitz gerade einmal 27 Jahre jung und trug den inoffiziellen Titel als Deutschlands jüngster hauptberuflicher Texter für Schlager. Schon als Kind hörte Reitz bevorzugt Schlager, stand nicht auf Rapper und Rocker, sondern auf Titel von Andrea Jürgens oder den Flippern. Was ihn während der Schuljahre natürlich in gewissem Maße zu einem Sonderling machte, den die Mitschüler schon mal als Schlagerfreak hänselten.

Reitz ließ sich davon nicht beirren und blieb bei dem, was ihm gefiel. Zwar studierte er zunächst Germanistik, doch bald schon nahm er Kontakt zu seinem Lieblingskomponisten auf: Jean Frankfurter. Der fand Gefallen an den Liedzeilen des Nachwuchstexters, und die beiden begannen ihre Zusammenarbeit.

Schon der erste komplett veröffentlichte Songtext von Tobias Reitz gelangte zusammen mit der Musik von Jean Frankfurter an die Spitzen der Charts: Es handelte sich um den Urlaubsschlager *Santo Domingo, die Sterne und du* von der Gruppe Fernando Express.

Danach ging es für den Jungtexter zwar erst einmal etwas schleppender voran, doch nun forderte ihn Jean Frankfurter erneut zur Mitarbeit auf. Für das Album »So nah wie du« steuerte Tobias Reitz insgesamt drei Texte bei. Er fand die richtigen Worte für den mit irisch-keltischen Klängen untermalten

Titel *Im Kartenhaus der Träume*, reimte die Zeilen für den Ohrwurm *Und ich vermiss dich auch* ebenso wie für den dritten Titel *Du fängst mich auf und lässt mich fliegen*.

Die restlichen Texte steuerten in gewohnter Arbeitsaufteilung Irma Holder und Kristina Bach bei, während Jean Frankfurter erneut für alle Kompositionen verantwortlich war und dieses Mal auch den Text zu *Du hast mein Herz berührt* verfasste.

Insgesamt führte »So nah wie du« den mit dem Debütalbum eingeschlagenen Weg fort. Darüber hinaus wirkte dieses Werk aber noch eine Spur stimmiger und in sich geschlossener. Man setzte also nicht nur einen Weg fort, man hatte nun endgültig die Richtung und auch die Balance der Bandbreite von Kompositionen zwischen Schlagerkracher und Ballade gefunden, die vorerst typisch sein sollten für den weiteren Weg des neuen Stars der Schlagerbranche.

Das allerdings galt allein für dieses Album, das am Ende bis auf den fünften Platz der internationalen Charts aufsteigen sollte.

Denn neben der reinen Arbeit an der Musik feilte man auch weiter am Image des Jungstars. Der sollte und wollte nämlich weiterhin beweisen, dass seine Fähigkeiten weit über den Gesang hinausgingen.

Endete das Vorjahr damit, dass sich Helene Fischer als Moderatorin beweisen konnte, ging man im Sommer des Jahres 2008 noch einige große Schritte weiter. Helene Fischer drehte einen ersten Film. Dabei handelte es sich nicht um einen weiteren Interviewfilm oder darum, Helene Fischer im Alltag zu begleiten.

Es handelte sich um einen Musikfilm, den der Mitteldeutsche Rundfunk am 6. Juli 2008 erstmals im Fernsehen zeigte.

So nah, so fern lautete der Titel des Films, der im Grunde eine Leistungsschau der Künstlerin darstellte. Denn Helene

Fischer schauspielerte, sang und tanzte. Im Mittelpunkt stand zwar immer die Musik, doch eingebettet war sie in eine fiktive Handlung, die einen Tag im Leben der Sängerin zeigen sollte.

Der Film beginnt damit, dass der Zuschauer eine Helene Fischer sieht, die allem Anschein nach mit ihrem Freund telefoniert. Wenig später schreitet sie bepackt mit einem Reisekoffer einen Bahnsteig entlang und singt den Titel *Du fängst mich auf und lässt mich fliegen*, bevor sie in das bereitstehende Cabrio steigt und in ein Hotel fährt, in dem sie mit dem Mann an der Rezeption scherzt und schließlich auf einen Journalisten trifft, der ihr, wie so viele seiner Zunft, private Details entlocken will.

Alles in allem stellte *So nah, so fern* sicher kein filmisches Werk dar, das für den Grimme-Preis nominiert werden könnte. Tatsächlich bewies der immerhin 45-minütige Streifen jedoch eindrucksvoll, dass in Helene Fischer wirklich weit mehr steckte als eine Sängerin, die sich auf der Showbühne angemessen zu präsentieren vermochte.

Wie schon ihr früherer Sketch im Rahmen eines »Volksmusik-Festes« blieb ihr Auftritt erneut frei von jeglicher Fremdschäm-Problematik. Helene Fischer schauspielerte, als hätte sie nie etwas anderes getan, selbstverständlich sang sie auch die vielen Titel vollkommen fehlerfrei.

Daneben gab *So nah, so fern* auch schon einen Vorgeschmack auf die Helene Fischer, die öffentlich erst einige Zeit später in Erscheinung treten sollte – oder vielleicht durfte.

Denn zu den wesentlichen Merkmalen von *So nah, so fern* zählte auch, dass in den wechselnden Szenen und Szenenbildern eine immer wieder verwandelte Helene Fischer zu sehen war, die sich in immer neuen Outfits präsentierte – und die tanzte. Die Sängerin tanzte gemeinsam mit professionellen Tänzern auf der Grundlage ausgearbeiteter Choreografien, in denen sich die ausgebildete Musicaldarstellerin problemlos bewegte.

Und noch etwas zeigte *So nah, so fern*: Der Film war auch ein erster Hinweis auf einen langsamen Imagewandel der Künstlerin. Wer ihre ersten Auftritte gesehen hatte, der erinnerte sich zu diesem Zeitpunkt noch an eine junge Frau, die durchweg in bodenlangen und festlich wirkenden Kleidern vor das Publikum trat, sich betont brav gab. Wenn es nicht das züchtige Abendkleid war, dann vielleicht mal eine lange Hose – anders kannte man Helene Fischer nicht.

Bis dahin jedenfalls. In dem Musikfilm nun spielte Helene Fischer unverkennbar auch mit ihrer Erotik. Sei es, dass sie, nur von einem dünnen Handtuch bedeckt, auf der Massageliege sang oder dass sie an anderer Stelle im denkbar engsten und kurzen Minikleid von jungen Tänzern umschwärmt wurde. Auch wenn es im Zusammenhang mit einer 23-Jährigen vielleicht seltsam wirkt: *So nah, so fern* brachte eine deutliche Verjüngung der öffentlichen Person Helene Fischer mit sich.

Ein zweites erfolgreiches Album, dazu ein 45-minütiger Film, der sich nur um sie drehte – eigentlich konnte das Leben der Sängerin nicht besser laufen.

Doch das Jahr 2007 war nicht in jeder Hinsicht perfekt. Wie so oft, wenn das Leben eines Menschen auf der beruflichen Seite an Fahrt aufnimmt, hat das einen spürbaren Einfluss auf das Private. Führt man sich das seit dem Ungarn-Medley mit Florian Silbereisen Anfang 2005 Erreichte einmal vor Augen, dann wird schnell klar, dass Helene Fischer ein Pensum erfüllte, das kaum Zeit für anderes ließ. Auf einen Auftritt folgte der nächste, von einer Ecke des Landes ging es zur anderen und wieder zurück. Stand sie nicht auf der Bühne, dann gab es immer irgendjemanden, der ein Interview wollte, es gab Einladungen in Fernsehsendungen, Autogrammstunden mussten absolviert werden. Fand sich ausnahmsweise mal eine Lücke im Terminkalender, dann standen Aufnahmen im Studio an.

Helene Fischer stürzte sich nun noch intensiver in die Arbeit. Denn beruflich ging es im Eiltempo voran. Nach den beiden Goldenen Schallplatten für die Erfolge in Deutschland gab es auch Gold in Österreich für »So nah wie du«.

Dann kam der September und mit ihm eine weitere große Ehrung. In jenem Monat fand im Friedrichstadtpalast in Berlin die Verleihung der Goldenen Henne statt. Ein Publikums- und Medienpreis, der jährlich vergeben wird. Hinter der auf den ersten Blick seltsam wirkenden Bezeichnung des Preises verbirgt sich die 1991 verstorbene Entertainerin Helga Hahnemann, an die der Preis erinnern soll. Hahnemann wur- de »Big Helga« oder eben auch »Henne« genannt, der Preis wird daher in Form eines dreieinhalb Kilogramm schweren bronzenen Huhns vergeben.

Im Jahr 2007 saß Helene Fischer während der Preisverleihung im Publikum. Auf der Bühne geehrt wurden unter anderem Hape Kerkeling und Schauspielerin Maria Furtwängler, die damalige Familienministerin Ursula von der Leyen bekam eine Henne für ihre Verdienste beim Zusammenwachsen von Ost und West. Neben zahlreichen weiteren Kategorien, in denen die Goldene Henne verliehen wurde, gab es noch eine, deren Preisträger die Zuschauer der live übertragenen Verleihung während der Sendung durch ihre Telefonwertung bestimmten. Siegerin war Helene Fischer, die ihre Henne als Aufsteigerin des Jahres in Empfang nehmen durfte.

Zwar näherte sich das Erfolgsjahr zu diesem Zeitpunkt schon seinem Ende, doch von Verschnaufen konnte keine Rede sein. Vielmehr folgte nun der nächste wichtige Schritt in der Karriere Helene Fischers: Im Herbst startete die erste Solotournee der Sängerin, die einmal mehr in einen Triumphzug mündete. Hatte sie vor kaum einem Jahr noch Autogramme in einem Einkaufszentrum geschrieben oder war sie allein mit dem eigenen Auto durch die Provinz von Termin zu Termin gekurvt, wurden den Veranstaltern die Karten für die anstehende Solotournee nun regelrecht aus den Händen gerissen. So groß war der Ansturm auf die begehrten Tickets für die am 31. Oktober startende Tour, dass man die Zahl der Auftritte umgehend um fünf auf insgesamt 23 Termine aufstockte.

Der eigentlich größte Triumph für Helene Fischer im Jahr 2007 ließ sich aber nicht an Verkaufszahlen für Eintrittskarten oder CDs messen. Er verbarg sich als zusätzlicher Titel auf einer sogenannten Weihnachtsedition des Debütalbums »Von hier bis unendlich«, die zum Ende des Jahres in die Läden kam. Diese Edition wurde ihrem Namen gerecht, indem die ursprünglich enthaltenen Titel um zwei weihnachtliche Lieder sowie um ein Medley auf insgesamt 15 Stücke erweitert wurden.

Zu den beiden weihnachtlichen Titeln zählte zum einen *Nur wer noch träumen kann*, ein Titel, der auf *Freude, schöner Götterfunken* beziehungsweise der *Neunten Sinfonie* von Ludwig van Beethoven beruht.

Wesentlich eindrucksvoller jedoch war der zweite weihnachtliche Titel: eine Interpretation des *Ave Maria* in der Version von Franz Schubert mit neuem Text. Dieses *Ave Maria* stellte eine gesangliche Höchstleistung von Helene Fischer dar, die damit deutlich machte, dass sie weit mehr als eine Schlagersängerin war.

Mit diesem Titel sollte sie zwar nie in die Charts einsteigen – und doch kann das *Ave Maria* als ein zeitloser Imageträger angesehen werden. Eine live in einer Fernsehsendung gesungene

Version des Liedes gelangte 2012 ins Internet und avancierte zum YouTube-Hit. Die verschiedenen Versionen des Videos kommen inzwischen auf bis zu zweieinhalb Millionen Klicks. Nicht nur das, sie machten den Namen Helene Fischer auch weit über die Grenzen von Deutschland, Österreich und der Schweiz hinaus bekannt. Selbst wer den deutschen Text nicht versteht, zeigt sich von der gesanglichen Leistung begeistert, wie Tausende Kommentare aus aller Welt beweisen. Mal heißt es einfach »Beautiful«, mal »Amazing voice«, »This German young lady, what a super singer« oder auch »Absolutely the best! Ever!«

Hab den Himmel berührt: So ein Mann

Nach den Höhenflügen und Erfolgen des Vorjahres begann 2008 für Helene Fischer mit Tränen. Und mit einer Überraschung, für die wieder einmal in der Stadthalle Chemnitz gesorgt wurde – dort, wo sie kaum ein Vierteljahr zuvor von Florian Silbereisen mit ihren ersten Goldenen Schallplatten überrascht worden war.

An diesem 12. Januar 2008 jedoch war Helene Fischer nicht als Preisträgerin angereist. Sie sollte als Interpretin auf der Bühne stehen. Vor allem aber sollte sie eine Laudatio halten, eine Lobrede auf einen der Preisträger.

Schließlich fand an diesem Tag in Chemnitz nicht irgendein Schlager- und Volksmusikfestival statt. Man feierte eine große Gala, in deren Rahmen ganz besondere Preise verliehen wurden: die Kronen der Volksmusik, die denen überreicht wurden, die sich in ganz besonderem Maß verdient gemacht hatten und außerordentliche Erfolge aufweisen konnten. Seit

1998 wurde die Gala zur Preisverleihung jährlich gefeiert und im deutschen wie auch im österreichischen Fernsehen live übertragen.

Nun also eine Laudatio. Helene Fischer hatte sich mit dem ihr eigenen Hang zur Perfektion auf ihre Festrede vorbereitet. In schwarzem Kleid und mit feierlich ernstem Gesicht trat sie hinter das Rednerpult und begann mit den Worten, dass es für sie »eine wahnsinnig große Ehre sei« und es jemanden zu ehren galt, der in dem Jahr »sein ganz großes Jubiläum feierte«. Was sie jedoch nicht bemerkte, war, dass sich ihr jemand von der linken Seite näherte. Es handelte sich um Gunther Emmerlich, seines Zeichens ein bekannter Sänger und vor allem der Moderator der Gala.

Was dann geschah, irritierte sie sichtlich. Mittlerweile hatte sie sich mit Ehrungen ebenso abgefunden wie mit Überraschungen. Was sie allerdings nicht kannte, das war der Umstand, dass ihr auf offener Bühne jemand ins Wort fiel und sie aufforderte, mit dem aufzuhören, was sie da gerade tat.

Emmerlich trat zu Helene Fischer, die er um einen Kopf überragte. Mit seiner tiefen Stimme bat er darum, sie unterbrechen zu dürfen. Er sagte, dass sie sich sicherlich gründlich auf ihre Laudatio vorbereitet habe – aber man sich das alles eigentlich ganz anders vorgestellt hätte. »Vielleicht hältst du mal eine Laudatio 2020 oder 2025, aber jetzt hält jemand anderes eine Laudatio«, ergänzte Emmerlich. Helene Fischer schien sichtlich Mühe zu haben, die Fassung zu wahren, hielt jedoch die professionelle Fassade aufrecht, als Emmerlich sie bat, mit ihm das Podium zu verlassen und den Platz für die Sängerin Paola zu räumen. »Möglicherweise könnte es für dich ganz interessant werden«, meinte Emmerlich, als er Helene Fischer an der Hand beiseiteführte, während Paola erschien. Die Schweizerin hatte in der Vergangenheit ebenfalls zahlreiche

Charterfolge verbuchen können, sie war auch durch ihre Ehe mit dem *Verstehen Sie Spaß?*-Moderator Kurt Felix bekannt.

Am Podest angekommen wandte Paola sich direkt an die nervös wirkende Helene Fischer und sagte, sie sehe, dass diese überrascht sei. Sie könne sich sehr gut in ihre Situation hineinfühlen. Sie selber sei an gleicher Stelle auch schon ähnlich dreist überrascht worden. »Genau vor 30 Jahren.« Damals sei ein junger Mann auf die Bühne gekommen, habe ihr einen großen Strauß roter Rosen überreicht und ihr einen Heiratsantrag gemacht. Es war Kurt Felix.

Helene Fischer kämpfte an dieser Stelle bereits mit den Tränen, die sie gerade noch unterdrücken konnte. Das alles war schließlich noch verwirrender als die Überraschungsfahrt mit ihrem eine Krankheit simulierenden Manager und der anschließenden Auszeichnung mit den Goldenen Schallplatten im September 2007.

Selbst wenn sie nun eine Ahnung gehabt haben sollte, dass die überraschende Laudatio und das Erscheinen Paolas eventuell mit einer möglichen Ehrung für sie zusammenhingen, dürfte die Erwähnung eines Heiratsantrags für eine erneute Irritation gesorgt haben.

Und Paola redete weiter, während nun doch eine erste Träne aus Helene Fischers Augenwinkel gewischt werden musste. Sie sei überzeugt, dass Helene Fischer ebenfalls in 30 Jahren wieder auf dieser Bühne stehen werde und dann auf eine erfolgreiche Karriere zurückblicken könne – sie sei nämlich etwas ganz Besonderes.

Nun ging die anfangs noch locker gehaltene Ansprache tatsächlich in eine Laudatio über. Paola sprach vom Charme, der Persönlichkeit und nicht zuletzt dem Erfolg der jungen Kollegin. Nach einer ganze Reihe solcher Lobpreisungen verließ Gunther Emmerlich seinen Platz an der Seite Helene Fischers und kam

Sekunden später zurück, um ihr ein Taschentuch zu überreichen, da der ersten Träne mittlerweile etliche weitere folgten.

Paolas Laudatio mündete mittlerweile in den entscheidenden Schlussworten: »Liebe Helene Fischer, ich freue mich, Ihnen die Krone der Volksmusik überreichen zu dürfen – die Krone der Volksmusik für die erfolgreichste Sängerin 2007.«

Während der lange Applaus des Publikums langsam wieder abebbte, gewann auch Helene Fischer ihre Fassung allmählich zurück. Mit dem übergroßen golden glänzenden Preis, der Krone der Volksmusik, in den Armen sprach sie davon, dass die vergangenen Monate die emotionalsten ihres Lebens gewesen seien. »Ich habe vorher nie weinen können«, sagte sie, aber nun sei einfach so viel Schönes passiert. Mittlerweile wieder ganz Profi, vergaß sie es dann aber auch nicht, den Preis ihrem ganzen Team zu widmen, namentlich erwähnte sie Jean Frankfurter, der mit seinen Kompositionen wesentlichen Anteil an der Erfolgsgeschichte hatte.

Dass Helene Fischer die Krone der Volksmusik als erfolgreichste Sängerin bekam, das zeigte auch, wie weit sie auf ihrem Karriereweg inzwischen vorangekommen war. Die Preise, die sie bisher verliehen bekommen hatte, waren in der Regel Auszeichnungen als Newcomer oder Nachwuchskünstlerin gewesen. Genau das war spätestens in diesem Augenblick Vergangenheit. Helene Fischer stand jetzt ganz oben, sie war die erfolgreichste Künstlerin in der Reihe der vielen, die das Publikum mit Schlager oder Volksmusik unterhielten. Niemand konnte ahnen, dass es dennoch erst der Anfang eines unvergleichlichen Aufstiegs sein sollte.

Zum Zeitpunkt der Preisverleihung absolvierte Helene Fischer immer noch ihre erste Solotournee, die im Vorjahr begonnen hatte und die nach den vereinbarten Zusatzkonzerten aufgrund der großen Nachfrage nun erst Ende Januar zu Ende ging.

Allerdings war der Abschluss der Tournee nicht alles. Im März des Jahres wurde die DVD eines Liveauftritts veröffentlicht, die sofort von null auf Platz eins der DVD-Charts schoss – in Deutschland ebenso wie in Österreich. Was übrigens inzwischen nicht einmal mehr eine Premiere darstellte: Nach der Ausstrahlung des Musikfilms *So nah, so fern* setzte sich auch die DVD dieses Films umgehend an der Spitze der Charts fest.

Wie sehr sich Helene Fischer bereits etabliert hatte, das zeigte sich spätestens im Sommer 2008. Schon im Juni wurde die Sängerin – zu diesem Zeitpunkt gerade einmal 23 Jahre alt – erneut mit Edelmetall ausgezeichnet. In Berlin wurden ihr für die ersten beiden Alben und die DVDs insgesamt sechs Goldene und dazu noch drei weitere Platin-Schallplatten überreicht. Auch in Österreich gab es wenig später wieder Gold und Platin.

Was das bedeutete, lässt sich am besten in Zahlen erklären: In Deutschland gibt es Gold für 100 000 verkaufte Alben, Platin nach der doppelten Anzahl, also nach 200 000 Verkäufen. Ein Musikvideo wie die DVD der Tournee muss in Deutschland für Gold 25 000 Abnehmer finden und wird bei 50 000 Verkäufen mit Platin ausgezeichnet. In Österreich sind diese Zahlen geringer, da das Land weniger Einwohner und damit weniger potenzielle Käufer hat. Hier gibt es Gold für 7500 Alben, 15 000 Singles oder 5000 DVDs. Wie in Deutschland gilt auch dort die Regel, dass für eine Platin-Auszeichnung jeweils die doppelte Menge notwendig ist. Was für Helene Fischer keine Hürde darstellte: Als sie in Österreich zweimal Gold und einmal Platin erhielt, hatte sie bereits 50 000 Alben in dem Land verkauft.

Das alles jedoch waren Ehrungen für das bislang Geleistete. Damit die Erfolgsgeschichte weiterging, musste nun einmal mehr etwas Neues her. Und was lag näher, als nach fast einem

Jahr ein drittes Album herauszubringen. Die Arbeit wurde in Angriff genommen, und zwar wieder mit dem nun schon bestens aufeinander eingespielten Team. Erneut war Jean Frankfurter für die komplette Komposition zuständig, die Texte steuerten Kristina Bach und Irma Holder sowie der beim zweiten Album »So nah wie du« zum Team gestoßene Tobias Reitz bei.

Das Ergebnis waren 16 Titel in dem nun schon typischen und so überaus erfolgreichen Mix aus Mitklatsch- und Mittanz-Schlager sowie Balladen, die Helene Fischer bekannt gemacht hatten.

Angekündigt wurde diese CD mit Worten, an die zuvor wohl niemand auch nur im Traum gedacht hatte. Denn das mit »Zaubermond« betitelte Album wurde als neuestes Werk des neuen Schlager-Superstars beschrieben – genau dazu war Helene Fischer nämlich aufgestiegen.

Die Fans nahmen das Album dankbar an und zeigten sich einmal mehr restlos begeistert. Nur vereinzelt kamen auch kritische Stimmen auf, die forderten, doch bald mal etwas an Titelauswahl und Produktion zu verändern, damit Helene Fischer nicht im Schlagerklischee versinke. Aber das blieben nur einige wenige Stimmen.

Das Gros der Fans konnte mit solcher Kritik wenig anfangen, außerdem erweiterte sich der Kreis der Fischer-Fans zusehends und in fast beängstigender Geschwindigkeit.

Vier Wochen nachdem Helene Fischer mit Edelmetall in Berlin überhäuft worden war, trat sie einmal mehr in der Sendung von Florian Silbereisen auf. Und der machte es nicht einmal mehr spannend, verzichtete auf durchgeplante Überraschungen. Vielmehr teilte er der Sängerin nach deren Auftritt mit, die ersten Alben hätten sich in der Zwischenzeit weiter so gut verkauft, dass sie an diesem Abend erneut drei Goldene Schallplatten überreicht bekäme. Allen Höhepunkten zum Trotz, die nahezu beständig im Leben der Künstlerin auftauchten, sank sie vor Freude regelrecht auf die Knie.

So ganz konnte sich Silbereisen das Überraschen aber wohl doch nicht abgewöhnen. Sekunden später erklärte er, dass es noch eine weitere Nachricht von der Plattenfirma gebe, die er Helene Fischer mitteilen solle. »Zaubermond« sei zwar erst wenige Wochen zuvor am 27. Juni erschienen und dennoch in diesen Wochen bereits mehr als 120 000 Mal ausgeliefert worden. Was nicht weniger bedeutete, als dass es auch dafür schon Gold gab.

Dieser Fernsehauftritt im Juli 2008 ist jedoch nicht nur wegen des erneuten Goldregens erwähnenswert. Vor allem fand er in einer besonderen Zeit statt, wenn man den späteren Angaben von Helene Fischer und Florian Silbereisen Glauben schenken mag.

Während die Zuschauer die beiden noch als mittlerweile im gegenseitigen Umgang gut geübte Kollegen auf der Bühne betrachteten, hatte sich im echten Leben einiges verändert. Kaum 14 Tage später nämlich sollten Anfang August die ersten Schlagzeilen verlauten, dass Florian Silbereisen und Schlagerstar Helene Fischer ein Paar seien: Im Mai 2008 habe es gefunkt, unerwartet und plötzlich, hieß es.

Helene Fischer und Florian Silbereisen selber machten zum Thema nur wenige Angaben.

Als die Beziehung bekannt wurde, veröffentlichte die *Bild* am 2. August 2008 einen Artikel von Florian Silbereisen unter dem Titel »Gibt es Liebe auf den 137. Blick?«.

Darin berichtete der Moderator und Sänger davon, dass er Helene Fischer im Laufe der vergangenen Jahre sicher mehr als 100 Mal begegnet war. Allerdings habe man sich immer nur bei den Proben und Auftritten gesehen, dabei sei keine Zeit für Privates geblieben. Selbst als beide zusammen auf Tournee gingen und sich allabendlich zu Liedern des Musicals *Elisabeth* auf der Bühne küssten, seien sie sich nicht nähergekommen, waren vielmehr nahe an einem Lachanfall. Erst später habe sich zufällig ein privates Gespräch ergeben, bei dem beide feststellten, dass sie ähnlich dachten, über ähnliche Dinge lachen konnten und dass sie nicht zuletzt auch unter sehr ähnlichen Bedingungen lebten. Bei dieser vielleicht 137. Begegnung habe es beide dann wie der Blitz erwischt.

Rückblende 2005: Nach ihrem ersten Fernsehauftritt bei Florian Silbereisen wurde Helene Fischer bekanntlich eingeladen, auch die Tournee der »Feste« zu begleiten. Dabei entstand ein erstes gefilmtes Kurzporträt der Sängerin.

In den insgesamt elf Minuten dieses Films kommt auch Florian Silbereisen zu Wort, der zunächst einmal ihre Fähigkeiten als Sängerin lobt. Dann erinnert er sich jedoch auch an die erste Begegnung im Mai des Jahres 2005 und daran, was nach dem gemeinsamen Fernsehauftritt geschah: Man habe sich danach gemeinsam in die Hotelbar gesetzt und sich dort »drei oder vier Stunden« über »Gott und die Welt unterhalten«. Während Silbereisen dies sagte, stand die junge Helene Fischer eifrig mit dem Kopf nickend und strahlend neben ihm und blickte ihn an.

Nach der öffentlichen Erklärung der beiden gab es jedoch kaum weitere Aussagen zu derartigen Ungereimtheiten. Öffentlich wurde kaum mehr erklärt, als dass die beiden zumindest in Deutschland weiter getrennt in ihren eigenen Wohnungen lebten – die sie allerdings wegen ihrer beruflichen Umtriebigkeit ohnehin kaum je nutzen konnten.

Was auch im Jahr 2008 der Fall war. Denn im Grunde stellte die Bestätigung der Beziehung ohnehin nur eine kleine Episode in der sich fortsetzenden Erfolgsgeschichte jenes Jahres dar. Ein Jahr, das weitere Preise, Erfolge – und schließlich auch noch neue Facetten der Helene Fischer mit sich bringen sollte.

Zwischen Himmel und Erde: Ohne Netz und doppelten Boden

Betrachtet man rückblickend die zweite Hälfte des Jahres 2008 und auch das Folgejahr, dann wirkt diese Zeit wie eine Phase, die man am besten mit Konsolidierung beschreiben könnte. In kaum mehr als drei Jahren hatte das Phänomen Helene Fischer sich in Höhen emporgearbeitet, die niemand erwartet hatte. Aus der Newcomerin war ein Star geworden, der alle anderen hinter sich ließ, selbst eine etablierte Konkurrentin wie Andrea Berg.

Nun galt es also, das Erreichte zu festigen, den Status zu halten – und sich dann zu überlegen, wie es weitergehen könnte.

Was bedeutete, dass zunächst einmal alles wie gewohnt seinen glücklichen Gang weiterging.

So hatte man Ende 2008 natürlich schon bei verschiedensten Gelegenheiten bemerkt, dass Helene Fischer mit öffentlich ausgetragenen Überraschungsaktionen recht gut umzugehen wusste. Was zur Folge hatte, dass man nun die bisherigen Überraschungsmomente mit neuen Ideen in den Schatten zu stellen versuchte.

Den vorläufigen Höhepunkt in diesem Zusammenhang stellte die 2008 abermals veranstaltete Gala zur Verleihung des Medienpreises Goldene Henne dar. Dieses Mal hatte man Helene Fischer gar nicht als eventuelle Preisträgerin im Visier oder tat zumindest so, als ob dem so wäre. Engagiert wurde die Künstlerin deshalb nicht als Sängerin, sie sollte vielmehr die

Gala moderieren. Was sie mit gewohnter Professionalität auch tat. Bis es zu der Überraschung kam, von der Helene Fischer wieder einmal nicht das Geringste ahnte.

Sie moderierte also wortgewandt die Verkündung des Preisträgers der Goldenen Henne für den Bereich Musik an, dessen Laudatio in jenem Jahr der langjährige ZDF-Nachrichtensprecher Claus Seibel übernehmen sollte, der sich im Jahr 2004 in den Ruhestand verabschiedet hatte.

Der 72-Jährige begann seine Rede damit, dass er in seiner 30-jährigen Nachrichten-Karriere gelernt habe, man solle den Tag nie vor dem Abend loben. Was schon als erster Hinweis darauf gelten konnte, dass auch an diesem Abend noch Unerwartetes geschehen würde – nur realisierte das weder das ahnungslose Publikum noch die nicht eingeweihte Helene Fischer.

Deutlicher wurde Seibel dann jedoch im nächsten Satz: Für eine Person im Saal werde der Tag vollkommen anders als vermutet enden – nämlich mit einer nicht erwarteten Goldenen Henne.

Da die Goldene Henne ja ein Publikumspreis sei, und der Preisträger durch die Stimmen eben jenes Publikums gewählt werde, so Seibel, habe die Stimmenvergabe die Redaktion in Verlegenheit gebracht. »Was soll man tun, wenn jemand, der objektiv eine solche Preisverleihung mitgestaltet, selbst vom Publikum gewählt wird?«

Was man tat, war Folgendes: Man habe sich entschieden, der Preisträgerin einfach nichts zu sagen, damit sie nicht von ihrer eigentlichen Tätigkeit abgelenkt würde. Spätestens jetzt dürfte einigen Zuschauern klar geworden sein, dass es sich bei dieser Person nur um Helene Fischer handeln konnte.

Die stand zu diesem Zeitpunkt am Rand der Bühne und wartete auf ihren Einsatz. Ihr Gesichtsausdruck zeigte allerdings bereits einen gewissen Zweifel oder auch eine Vorahnung.

Schnell wurde daraus Gewissheit, als Seibel nämlich berichtete, er habe die diesjährige Preisträgerin auf einer Kreuzfahrt kennengelernt. Eine Begegnung, an die sich natürlich auch die Sängerin erinnerte.

Wie überraschend die Verleihung dieses Preises für die Preisträgerin tatsächlich war, darüber darf spekuliert werden. Auch das Publikum dürfte nicht wirklich überrascht gewesen sein. Schließlich hatte Seibel in seiner Rede auch erwähnt, dass Helene Fischer gerade mit allen drei Alben in den Charts platziert war – ein mehr als deutlicher Hinweis auf ihre Beliebtheit beim Publikum. Ihr Stern strahlte im Jahr 2008 bereits so hell, dass jeder andere Preisträger eine echte Überraschung gewesen wäre. Eigentlich bestand das Ungewöhnliche des Abends darin, dass die von allen erwartete Preisträgerin durch die Sendung führte und nicht irgendwo darauf wartete, auf die Bühne gerufen zu werden, um ihren Preis in Empfang zu nehmen.

Selbst Helene Fischer machte bei aller bekundeten Verblüffung nicht wirklich den Eindruck, als käme der Preis vollkommen unerwartet.

Das Thema Überraschungen hatte sich damit dann auch erst mal erledigt – jedenfalls in der Art und Weise, dass andere sich etwas überlegten, womit sie Helene Fischer überraschen könnten. Die kehrte nun den Spieß um und überraschte noch 2008 ihr Publikum mit einer bis dahin vollkommen unbekannten Seite: als Artistin.

Damals war Helene Fischer noch nicht für ihre opulenten Shows bekannt, bei denen sie auch schon mal mit akrobatischen Einlagen glänzt. Im Jahr 2008 war sie zwar der Star des Jahres, vor allem aber war sie eine erfolgreiche Sängerin, eine Größe des Schlagers und der Volksmusik. Ihre Bühnenauftritte hatten zwar bereits Stil, waren aber noch Lichtjahre von dem späteren Glamour und Aufwand entfernt.

Daher stellte das, was am 26. Dezember 2008 im Fernsehen gezeigt wurde, auch eine wirkliche und vor allem gelungene Überraschung dar: Es war der Tag, an dem die 48. Folge der jährlich durchgeführten Wohltätigkeitsveranstaltung *Stars in der Manege* ausgestrahlt wurde – die letzte echte Show dieser Art, was man jedoch zu diesem Zeitpunkt noch nicht wissen konnte. Die 49. Folge gab es im Jahr 2009 zwar auch noch, doch sie bestand nunmehr aus einem Zusammenschnitt von Höhepunkten der vergangenen Jahrzehnte.

Das Prinzip der Veranstaltung machte der Titel schon deutlich: *Stars in der Manege* zeigte Prominente etwa aus Film und Fernsehen in ungewohnten Rollen – sie traten nämlich als Artisten, Clowns oder auch mal als Dompteure in einem Zirkuszelt auf. Moderiert wurde die Show Weihnachten 2008 von Schauspieler Fritz Wepper, und der kündigte Helene Fischer als Schlagerprinzessin an, was eigentlich eine maßlose Untertreibung der längst zur Königin des Schlagers Gekürten war.

Und was die Sängerin dann in den folgenden fünf Minuten dem Publikum zeigte, war ein weiteres Beispiel dafür, dass sie mit Halbheiten nichts anzufangen wusste und immer aufs Ganze ging, immer eine perfekte Show lieferte.

Statt auf dem Boden des Zirkusrunds vielleicht eine halbherzige Jonglagenummer vorzuführen oder sich in der Rolle des Clowns zu präsentieren, wählte Helene Fischer die Königsdisziplin: Luftakrobatik. Ohne erkennbare Anzeichen von Unsicherheit oder aufkommender Höhenangst ließ sie sich in einem Akrobatik-Ring sitzend hoch in die Zeltkuppel ziehen. Dort hing sie kopfüber im dem Ring, als wäre das die selbstverständlichste Sache der

Welt, zeigte weitere Übungen, bei denen die Zuschauer die Hände vor ihre Münder hielten und erschrocken bis ungläubig die Luft einsogen.

Am Ende ihrer Show hatte Helene Fischer damit ohne auch nur ein Wort zu sagen ein deutliches Statement abgegeben: Diese Frau war nicht einfach irgendeine Sängerin, die auf die Bühne kam und ein Lied trällerte. Sie war ebenso eine durchtrainierte Sportlerin, die fünf Minuten Artistik in anstrengendsten Posen hinter sich bringen konnte, ohne dass sie am Ende auch nur eine Spur angestrengt wirkte. Die Essenz dieses Statements konnte nur lauten: Von dieser Person würde noch einiges zu erwarten sein – nicht zuletzt und vor allem auch sehr Überraschendes. Selbst wenn es bis zu dem Zeitpunkt, an dem das Unerwartete wirklich eintreten würde, noch fast zwei Jahre dauern sollte.

Inzwischen ging die Konsolidierung des neuen deutschen Stars weiter. Unter anderem damit, dass Helene Fischer jenen Preis verliehen bekam, der als die größte Ehrung gilt, welche die musikalische Unterhaltungsbranche des Landes zu bieten hat. Der Preis wurde erstmals im Jahr 1992 vergeben, damals allerdings nur für den Bereich Pop. Im Laufe der Jahre jedoch kamen weitere Kategorien wie Klassik und auch Jazz hinzu. Was auch zu einer gewissen Inflation an Preisträgern führte – wurden anfangs gerade einmal 15 Echos im Jahr verliehen, wuchs die Zahl später auf bis zu 100 Preise. Trotzdem hat der Echo dadurch nichts von seinem Status eingebüßt. Wird ein Künstler zum Echo-Preisträger, dann stellt das in gewisser Weise einen Ritterschlag und auch einen vorläufigen Karrierehöhepunkt dar. Die Liste der Preisträger liest sich schließlich recht eindrucksvoll: Robbie Williams bekam ebenso einen Echo wie Xavier Naidoo. Herbert Grönemeyer, Die Toten Hosen und auch Rammstein zählen zu den

Mehrfach-Preisträgern. In diese Liste konnte sich seit der Verleihung am 21. Februar 2009 auch Helene Fischer einreihen. Die bekam nämlich nicht nur einen, sondern gleich zwei Echos überreicht.

Den einen Echo gab es in der Kategorie beste DVD-Produktion national für *Mut zum Gefühl – Helene Fischer live.* Wichtiger war der zweite Echo als Künstlerin des Jahres in der Kategorie Schlager und Volksmusik – schließlich standen für diese Auszeichnung auch bekannte Namen wie Howard Carpendale, Semino Rossi oder Michael Wendler als Nominierte auf der Liste. Der hatte sich damals noch nicht durch seine Teilnahme im RTL-Dschungelcamp bis auf das Hemd blamiert.

Dass Helene Fischer wenige Wochen vor der Echo-Verleihung auch die zweite Krone der Volksmusik verliehen wurde, darf natürlich nicht unerwähnt bleiben.

Erfolge reihenweise also. Doch von Ausruhen konnte noch immer keine Rede sein. Im Januar startete ihre nächste große Tournee, die sie zu nicht weniger als 50 Stationen im deutschsprachigen Raum führen sollte – also nicht nur in Deutschland selbst, sondern auch in Österreich und der Schweiz, wo sie mittlerweile einen ähnlichen Starstatus genoss.

Die Tour »Zaubermond – live mit Band« führte durch meist ausverkaufte Theater. Doch die Veranstaltungsorte waren im Vergleich zu 2013 oder 2014 vergleichsweise bescheiden ausgewählt. Die Show an sich setzte ebenfalls noch weitgehend auf das rein musikalische Element und verzichtete überwiegend auf zusätzliche Attraktionen. Auf der Bühne stand Helene Fischer umringt von ihrer Band und sang jene Titel, die ihre Fans erwarteten. Man erlaubte sich allenfalls kleinere Showeinlagen, etwa wenn zu einer Melodie aus dem Musical *Phantom der Oper* ein entsprechend verkleideter Tänzer erschien.

Wie schon zuvor entschieden sich Management und Plattenfirma, den Erfolg dieser Tournee mit einer DVD zu krönen: *Zaubermond live* wurde im Sommer veröffentlicht und zeigte einen gut zweistündigen Mitschnitt jenes Konzertes, das am 31. März 2009 im Admiralitätspalast in Berlin stattfand.

Dann folgte erneut ein weiterer Höhepunkt in der ohnehin schon unglaublichen Karriere. Am 9. Oktober des Jahres kam das bereits vierte Studioalbum auf den Markt. »So wie ich bin« stürmte in Österreich direkt auf die Nummer eins der internationalen Charts – so hoch hatte es bis dahin noch keines ihrer Alben geschafft. In Deutschland verfehlte man den Spitzenplatz nur knapp, doch auch Rang zwei in den internationalen Charts war für eine Schlager-CD mehr als außergewöhnlich.

Was man vom Album selbst nicht behaupten konnte. »So wie ich bin« setzte einmal mehr auf das nun schon Jahre erprobte Erfolgskonzept. Musikalisch handelte es sich erneut um einen durchweg von Jean Frankfurter komponierten Alleingang, die Texte lieferte überwiegend das bewährte Dreigestirn aus Kristina Bach, Irma Holder und Tobias Reitz, denen man nun allerdings zwei weitere Texter zur Seite stellte: Marc Hiller sowie Andreas Bärtels, der unter anderem schon mit Al Bano oder David Hasselhoff gearbeitet hatte.

Heraus kamen dabei auch Titel, die zu regelrechten Klassikern im Programm von Helene Fischer werden sollten. Das galt vor allem für jenen Ohrwurm, den kaum ein Mensch jemals wieder loswird, sobald er ihn einmal gehört hat: *Ich will immer wieder ... dieses Fieber spür'n.* Den Abschluss der 14 Titel auf dem Album bildet: *Du lässt mich sein, so wie ich bin* – ein Lied, das als Liebesbekenntnis an ihren Partner Florian Silbereisen verstanden werden kann.

Die neuerliche Anwendung des Erfolgsrezepts führte zu den schon erwähnten Erfolgen. Kritiker halten gerade Schlagerfans gern für ein leicht zu überzeugendes Publikum, dabei setzen sich viele von ihnen durchaus sehr ernsthaft mit der Qualität der Musik auseinander, die ihnen vorgesetzt wird.

Nicht wenige von ihnen treffen sich im Internet, etwa auf der Schweizer Plattform hitparade.ch, wo sie diskutieren oder schlicht ihre Meinung kundtun. Und die fiel beim vierten Album deutlich gemischter aus als bei dessen Vorgängern.

»Langsam wird es langweilig. Immer wieder die gleichen Melodien und die gleichen Textversatzstücke, die Helene Fischer ohne Zweifel großartig singt«, schrieb einer der ersten Kommentatoren.

Andere stimmten zu, erklärten beispielsweise: »In der Tat wird's langweilig. Die ersten beiden Helene-Fischer-Alben halte ich für erstklassig, das zweite sogar für eines der besten Alben, die Jean Frankfurter je produzierte. Bei Platte Nr. 3 ›Zaubermond‹ fing die Langeweile schon ein bisschen an, aber großartige Balladen wie *Hab den Himmel berührt* oder *Ich geb nie auf (Am Anfang war das Feuer)* retteten die Bewertung und machten aus dieser CD noch ein hörenswertes Pop-Schlager-Album. Diesmal fehlen leider auch die Top-Balladen. Viel Neues ist auf dem Album nicht drauf, und das meiste klingt gleich wie nie ... schade.«

Andere fassten sich kürzer. Wie diese Person: »Birne Helene – saftig, gesund und langweilig.«

Im Team der Sängerin muss es zu jener Zeit auch zu ersten Überlegungen gekommen sein, was man wohl ändern könnte, wollte oder müsste, um den einmal erreichten Erfolg dauerhaft zu festigen. Daher folgte auf das vierte Album eine Art kreative Pause. In dieser Zeit wurde zwar weiter hart gearbeitet – es kam allerdings kein wirklich neues Material von Helene Fischer auf den Markt.

Statt einmal mehr ein komplettes Album mit neuen Kompositionen aufzunehmen, beschränkte die Plattenfirma sich im Jahr 2010 auf die Veröffentlichung einer »Best of«-Compilation, also einer CD, auf der noch einmal die bislang größten Erfolge eines Künstlers zusammengefasst sind. In der Regel wird das jedoch genutzt, um am Ende einer Karriere ein letztes Mal von den Erfolgen längst vergangener Jahre oder häufig auch Jahrzehnte zu profitieren.

Der eigentliche Witz an der Sache bestand darin, dass genau dieses »Best of« erstmals auch international spürbare Anerkennung fand.

In Deutschland und Österreich lief die Zusammenstellung der Erfolgstitel exakt so in die Charts ein, wie das bislang letzte Studioalbum: Platz eins in Österreich, Platz zwei in Deutschland.

Anders als zuvor konnte man nun aber auch Chartplatzierungen in Belgien und den Niederlanden vermelden, in Dänemark stieg das »Best of« sogar in die Top Ten ein, erreichte als Spitzenplatzierung den fünften Rang.

Denn während in Deutschland immer noch bestimmte Gruppen mit dem Schlager haderten, entdeckten die Hörer im nahen Ausland genau diese Musik nun für sich – obwohl viele der Hörer dort die Sprache kaum verstanden, sich aber für die Musik begeistern konnten.

Was wiederum nicht nur Helene Fischer dort Erfolge bescherte. Sie war nicht einmal die erste Schlagersängerin, die sich im Ausland in den Charts festsetzte. Als regelrechter Pionier, der den Schlager und die Volksmusik in das nicht deutschsprachige Ausland getragen hat, gilt Hansi Hinterseer. Dessen Plattenlabel veröffentlichte 2010 erstmals ein

Hinterseer-Album in Dänemark. Diese Aktion wurde außerdem von einem dänischen Fernsehsender begleitet, der unter anderem Filme mit Hansi Hinterseer ausstrahlte, auch Ausschnitte von Konzerten wurden gezeigt.

Der Erfolg gab der auf den ersten Blick ungewöhnlich erscheinenden Aktion recht: Das »The Danish Collection« betitelte Album erreichte Platz eins der dänischen Charts und legte damit den Grundstein für Helene Fischers »Best of«, das wenig später in dem Land veröffentlicht wurde.

Seitdem hat sich der Schlager in Dänemark – wie auch in Belgien und den Niederlanden – fest etabliert. Hinterseer gab Konzerte in Städten wie Aalborg oder Kopenhagen, die meist ausverkauft waren. Kollegen wie Semino Rossi veröffentlichten daraufhin ihre Musik ebenfalls in Dänemark. Andrea Berg schaffte es mit ihrem, nach dem Vorbild von Hinterseer, ebenfalls »My Danish Collection« betitelten Album auch auf den ersten Platz der Charts.

In Deutschland hingegen zeigte Helene Fischer 2010, wie es auch ohne neues Material vorangehen kann. Denn ausgerechnet das Jahr, in dem weder ein neues Album noch neue Titel von ihr erschienen, markierte schließlich den Übergang in die zweite Phase ihrer Karriere. Deutlichster Hinweis darauf war die Tournee zum 2009er-Album »So wie ich bin«. Sie führte nun nicht mehr durch kleine oder mittlere Hallen, sondern füllte auch die größten Arenen. Außerdem bildete diese Tour den Auftakt zu den großen Helene-Fischer-Shows, die weit über ein reines Konzertereignis hinausgingen. Mitverantwortlich dafür waren nicht zuletzt die zahlreichen Neuzugänge im Team der Sängerin – doch noch war die Neuerfindung der Helene Fischer nicht abgeschlossen.

Mit keinem Andern:
Eine Neuerfindung

Welche Ausmaße das Phänomen Helene Fischer mittlerweile angenommen hatte, das zeigte zu Beginn des Jahres 2010 ein Vorgang, der zunächst einmal nur von rechtlicher Bedeutung war: Am 28. Januar 2010 wurde der Name Helene Fischer als Marke im deutschen Handelsregister eingetragen.

Das mag nebensächlich erscheinen, hat jedoch weitreichende Folgen. Denn ein Markeninhaber kann rechtlich dagegen vorgehen, wenn jemand den geschützten Markennamen widerrechtlich nutzt. Er kann entweder Unterlassung beantragen, also andere dazu auffordern, die Nutzung des Namens zu unterlassen. Er kann aber unter Umständen auch Schadensersatz fordern, wenn jemand mit dem Namen selbst Kasse machen will. Die Markeneintragung blieb zunächst fast unbemerkt, in späteren Jahren jedoch sollte noch so mancher Post von Rechtsanwälten bekommen, wenn er oder sie den Namen des Stars für eigene Zwecke verwendete.

Nicht weniger wichtig sollten in diesem Jahr für Helene Fischer noch andere Namen werden. Die Namen von Männern zum Beispiel, die jetzt in ihrem Leben auftauchten und große Bedeutung für sie erlangten. Nicht etwa, weil andere Florian Silbereisen den Platz als Mann an Helene Fischers Seite streitig machen wollten. Sie sollten vielmehr entscheidenden Anteil daran haben, dass Helene Fischer zu dem wurde, was sie heute ist – ein Superstar, dessen Glanz weit über den Status als Speerspitze der deutschen Schlagerwelt hinausreicht.

Wie schon erwähnt, gab es in diesem Jahr von Helene Fischer nichts Neues. Jedenfalls, wenn man den Neuigkeitswert ausschließlich auf neue Kompositionen und Aufnahmen von

Singles oder Alben bezieht. Lässt man das beiseite, dann gab es sehr viel Neues. Im Grunde blieb sogar kaum etwas beim Alten, das komplette Fundament, auf dem die Blitzkarriere bislang geruht hatte, wurde aufwendig saniert, modernisiert und ausgebaut.

Wie das Ergebnis der Veränderungen aussah, das sollte das Publikum erst im Herbst des Jahres staunend zur Kenntnis nehmen, als Helene Fischer zu ihrer nächsten Tournee aufbrach. Entscheidend jedoch waren die Monate zuvor, in denen Helene Fischer und ihr Team intensiv am Tourneestart arbeiteten.

Einer der Neuzugänge in diesem Team war ein Mann namens Marvin A. Smith. Und nicht zuletzt er steht für den zunehmend auch internationalen Anspruch, den die Macher hinter der Marke Helene Fischer nun verfolgten. Denn Smith ist nicht irgendwer, er hat bereits mit den Großen des Showgeschäfts in aller Welt gearbeitet.

Geboren wurde Smith in Kalifornien, später ließ er sich in Los Angeles und New York zum Tänzer ausbilden und machte schließlich vor allem als begnadeter Choreograf von sich reden.

So arbeitete Marvin A. Smith mit niemand Geringerem als Michael Jackson in den Shows der »Dangerous«- und Black and White«-Welttourneen. Ebenfalls beteiligt war er an der Welttournee des Dance-Music-Projektes C+C Music Factory, das im Jahr 1990 einen globalen Nummer-eins-Hit mit *Gonna make you sweat (Everybody dance now)* hatte. Als Choreograf hat er außerdem mitgewirkt an Hollywood-Filmen wie *The Bodyguard* mit Kevin Costner und der unvergessenen Whitney Houston, an Musicals und an Großveranstaltungen wie den Olympischen Spielen im australischen Sidney.

Daneben arbeitete Marvin A. Smith mit an den Choreografien für Musikvideos von Madonna, den Backstreet Boys
oder Duran Duran, auch an den Videos deutscher Casting-
Show-Produkte wie Bro'sis und den No Angels war der Amerikaner beteiligt, der mittlerweile auch in Deutschland lebt.
Zu seinen weiteren bekannten Arbeiten zählt das Training
der Kandidaten während der 2006 und 2007 ausgestrahlten
TV-Show *You can dance*.

In Deutschland ist er jedoch nicht nur mit der Choreografie
von Pop oder Hip-Hop beschäftigt. Smith arbeitet auch an
Choreografien von weltbekannten Musicals wie der *Westside
Story* oder *Jesus Christ Superstar*, verantwortete zuletzt am
Staatstheater Nürnberg die Choreografie des dort aufgeführ-
ten Musicals *The Rocky Horror Picture Show* – was schon
eine erste Gemeinsamkeit zwischen ihm und Helene Fischer
darstellte, die in genau diesem Musical ja während ihrer
Ausbildung an der Stage & Musical School in Frankfurt auf
der Bühne gestanden hatte.

Wie international der neue Ansatz nun die Zukunft des
Schlagerstars ausrichtete, dafür stand Marvin A. Smith aber
auch noch auf andere Weise: Obwohl er zeitweise in Hamburg
lebte, bevorzugte der Amerikaner die Kommunikation in eng-
lischer Sprache. Was in einer Showwelt, die bislang überwiegend aus den Bereichen Schlager und Volksmusik bestand, zu
Anfang sicher etwas ungewohnt wirkte. Doch die englische
Sprache sollte verstärkt Einzug halten und sich im Team weiter ausbreiten. Denn Marvin A. Smith verkörperte nicht nur
Internationalität, er stellte auch Ansprüche an sich und die
mit ihm arbeitenden Menschen, die sich auf einem sehr hohen Niveau bewegten: Jemand, der schon mit Michael Jackson
getanzt und an Videos für Madonna gearbeitet hat, der ist sicher nicht zufrieden, wenn seine Choreografien allein in der

deutschen Provinz zur Geltung kommen. Der Mann dachte weiter und damit auch über Landes- oder Sprachgrenzen hinaus. Sein Erscheinen im Team sollte letztlich dafür sorgen, dass in den Shows einer Helene Fischer neben deutschen vor allem auch Tänzer auftreten sollten, die von Marvin A. Smith und Helene Fischer in Los Angeles gecastet worden waren. Zusammenfassend lässt sich sagen: Marvin A. Smith war und ist ein Mann, der entscheidend mithalf, der Show der bis dahin häufig noch Schlagerprinzessin oder -königin genannten Helene Fischer ein Format zu geben, das selbst in einer Glitzermetropole wie Las Vegas das Zeug zum Publikumsmagneten hätte.

Doch Tanzen und die Show stellten nur die eine Seite eines Bühnenprogramms dar. Vor allem war Helene Fischer immer noch ein Gesangsstar, wurde von den Fans wegen der Melodien und ihrer Stimme geschätzt.

Daher durfte diese Seite nicht hinter dem deutlich erweiterten Stellenwert der Choreografie zurückstehen. Also nahm man auch hier den ganz großen Besen und räumte auf. Was weitere entscheidende Umstellungen des Teams zur Folge hatte. Eine Degradierung des Erfolgskomponisten Jean Frankfurter war damit nicht verbunden – bei allen Neuerungen des Jahres 2010 ging es vornehmlich um eine Aufwertung der Bühnenpräsenz und darum, aus einem Helene-Fischer-Konzert ein Ereignis zu machen, das man ebenso wegen der bekannten Hits wie wegen der Show besuchte.

Was man noch brauchte, das war vor diesem Hintergrund jemand, der das musikalische Gewand der künftigen Shows auf ein neues Niveau hob. Diesen Mann allerdings fand man nicht »um die Ecke«. Der spätere musikalische Direktor von Helene Fischer berichtete einmal, dass ihn der Anruf mit der entsprechenden Anfrage in Australien erreichte. Und was er dort, Tausende Kilometer von der Heimat entfernt, gerade tat, kann durchaus als weiteres Indiz für den hohen und internationalen Anspruch dienen, den das Team Fischer nun verfolgte. Denn Christoph Papendiek ist zwar ein deutscher Staatsbürger, er zählt jedoch zu den wenigen deutschen Musikern, die international gefragt sind. Dass ihn der Anruf ausgerechnet in Australien erreichte, lag daran, dass Papendiek gerade selber eine Tournee absolvierte – mit niemand Geringerem als dem Weltstar Tom »The Tiger« Jones.

Der stellt nicht einmal den einzigen bekannten Namen in Papendieks beruflicher Vita dar. Der Musiker arbeitete schon mit deutschen Sängerinnen wie Juliane Werding und Marianne Rosenberg, wurde in den späten neunziger Jahren von Jean-Michel Jarre engagiert – der Elektro-Pop-Pionier verkaufte von seinem Album »Oxygène« nicht weniger als zwölf Millionen Exemplare. Später lebte Papendiek in London und ließ sich dort von der Musikszene inspirieren.

Nun also Helene Fischer. Der Zeitung *Augsburger Allgemeine* erzählte der Musiker vor einigen Jahren, was nach dem Anruf passierte – nämlich zunächst einmal recht wenig. Wie Papendiek berichtete, wusste er zu jener Zeit über oder von Helene Fischer kaum mehr als deren Namen. Also bat er den Anrufer darum, ihm doch erst einmal die vorhandenen Helene-Fischer-Alben als CDs zuzuschicken.

Als die Postsendung schließlich den Adressaten erreichte, setzte der sich hin und hörte das Material gründlich an. Was an seine Ohren drang, habe ihn allerdings nicht wirklich überzeugt. Denn nach dem Anhören, so sagte Papendiek in dem Interview, habe er schon gedacht, dass er das besser machen könne.

Ein Gedanke, der allerdings nicht auf einer irgendwie gearteten Arroganz beruhte, sondern darauf, dass eben ein

Christoph Papendiek, wie auch der Choreograf Marvin A. Smith, über einen weitreichenden und internationalen Erfahrungshintergrund verfügt und der weiß, wie Musik klingen kann und klingen muss, wenn sie auch über die Grenzen der Deutschsprachigkeit hinaus Erfolge feiern will.

Seine Herausforderung habe darin bestanden, Helene Fischer internationaler klingen zu lassen, denn genau das sei es gewesen, was mit ihr habe geschehen müssen. Man dürfe sich dann allerdings nicht an der deutschen Musikszene orientieren, sondern an Künstlern, Komponisten und Arrangeuren, die in aller Welt Erfolg haben – so wie es etwa in England üblich sei.

Nun sind Ideen und Vorstellungen das eine – das andere besteht jedoch darin, dass es jemanden geben muss, der diese Pläne gut findet und deren Umsetzung zulässt und befördert. Schließlich wird nicht umsonst immer wieder gern angeführt: »Never change a winning team.« Das Team, das sich bis zu diesem Zeitpunkt um Helene Fischers Karriere kümmerte, konnte jede Menge Erfolge aufweisen, die sich in Form von Preisen, ausverkauften Konzerten sowie diversen Gold- und Platin-Schallplatten ausdrückten. So weit kommen bekanntlich nicht viele Künstler. Diejenigen, die es schaffen, tun nicht selten alles dafür, um ihre Erfolge zu konservieren – was dann häufig dazu führt, dass Änderungen vermieden werden. Auch aus Angst, die Gewohnheiten des Publikums könnten enttäuscht werden, das sich dann womöglich irritiert abwendet und konkurrierende Künstler bewundert.

Doch im Fall Helene Fischers sah das völlig anders aus. Papendiek musste ja gar nicht mit neuen Ideen überzeugen, man war auf ihn zugekommen, hatte ihn quasi um Neuerungen gebeten.

Als Christoph Papendiek dann mit Manager Uwe Kanthak über seine Vorstellungen sprach, stieß er daher nicht auf Widerstand, sondern auf offene Ohren, und er konnte sich sofort an die Arbeit machen.

Was eben dazu führte, dass bald noch ein neuer Name im Team auftauchte. Ein weiterer Profi, der später zu der Erfolgsmannschaft stieß und von dem man vieles erwarten konnte – vieles, außer Schlager.

Der Name dieses Mannes lautet Wolf Kerschek. Auch er ist nicht irgendein Musiker. Kerschek war bereits ein anerkannter Musikprofessor, der in Hamburg Komposition und Filmmusik unterrichtete. Vor allem aber fühlte er sich in einer Musikrichtung zu Hause, die von Schlager und Volksmusik kaum weiter entfernt sein konnte. Wolf Kerschek ist ein ausgewiesener Jazzexperte und auch selbst Jazzmusiker.

Er spielte im Bundesjazzorchester und dirigierte es auch, war außerdem mit Jazzorchestern in aller Welt auf Tournee.

Wie anerkannt er als Künstler war, das zeigte sich nicht zuletzt auch daran, dass Kerschek zur Fußball-Weltmeisterschaft im Jahr 2006 die FIFA-Hymne orchestrierte und dirigierte. Zudem konnte sich Wolf Kerschek ebenso wie Helene Fischer zum erlauchten Kreis der Gewinner des Musikpreises Echo zählen: Er wurde ausgezeichnet für seine Mitarbeit an der Musik zu der deutschen Zeichentrickserie *Little Amadeus*, die das Leben des jungen Mozart kindgerecht aufbereitete.

Vor allem aber war und ist Wolf Kerschek ein Musiker, der sich nicht in Schubladen stecken lässt, und das auch keinesfalls will. Er selbst bezeichnet sich als Weltmusiker, damit ist er in der ganzen Welt der Musik zu Hause. Er spielt, dirigiert und lehrt nicht nur, Kerschek genießt auch als Komponist und Arrangeur einen besonderen Ruf.

So sehr, dass man ihn schon für die unterschiedlichsten Projekte engagierte. Mit den Brachialrockern von Rammstein hat Kerschek ebenso gearbeitet wie mit Roger Cicero oder Annett Louisian, er hat für Gitte Haenning und Vicky Leandros Arrangements geschrieben, und auch das Fernsehen in Form von Shows wie *Deutschland sucht den Superstar* oder *Let's Dance* vertraut auf seine Dienste.

Dass er von Christoph Papendiek nun in das Team von Helene Fischer geholt wurde, hatte einen ganz bestimmten Grund: Die neue Fischer sollte künftig nicht mehr einfach nur mit einer Band auf der Bühne stehen, sondern bald schon mit einem richtigen Orchester, zu dem auch Streicher gehörten. Und deren Arrangements sollten nun von Wolf Kerschek kommen.

Marvin A. Smith, Christoph Papendiek, Wolf Kerschek – das sollten mehr als nur neue Namen bleiben. Diese drei, und dazu auch mancher andere, standen dafür, dass abgesehen von der Person der Sängerin und den Titeln der bis dahin veröffentlichten CDs kaum etwas so blieb, wie es bisher war.

Was tatsächlich geschah, fasste Papendiek in einem späteren Interview zusammen: Man habe die einst bestehende Band im Jahr 2010 im Grunde vollkommen neu formiert. Dazu sei das musikalische Konzept verändert worden. Wichtig sei ihm vor allem gewesen, gerade bei den Liveauftritten eine »eigene Identität« zu erzeugen, den Auftritten ein neues und unverwechselbares Gesicht zu geben.

Eine eigene Identität. Vielleicht war es das, was Helene Fischer zu jenem Zeitpunkt noch fehlte. Bis dahin war sie eine Schlagersängerin, die Kompositionen eines anderen interpretierte. Eine Sängerin, die zweifellos herausragend gut singen konnte, die wusste, wie sie ihr Publikum zu unterhalten hatte, die als Moderatorin ebenso glänzte wie in kleinen Auftritten als Schauspielerin.

Nur gab es neben ihr ja noch weitere erfolgreiche Sängerinnen, nicht zuletzt eine Andrea Berg.

Was man brauchte, das war ein Weg, den Star Helene Fischer
einzigartig zu machen. Und dieser Weg nahm nun seinen
Anfang: Die Veränderungen wurden öffentlich nicht diskutiert, sie wurden den Fans präsentiert, als sie ausgereift waren.

Nach zahllosen Arbeitstagen und Proben war die Show
schließlich so perfekt ausgearbeitet, dass es losgehen konnte.
Am 17. September 2010 sollte das erste Konzert der geplanten Tournee stattfinden, die nach der Premiere in Bayreuth
in mehr als zwei Monaten 50 Stationen beinhalten sollte. Die meisten davon in Deutschland, doch ein Konzert in
Dänemark zählte ebenso zum Tourplan wie Stationen in
Österreich, der Schweiz und dem französischen Straßburg.

Besonders auffällig war, wo Helene Fischer nun gastierte.
Nicht irgendwelche mittleren Hallen wurden in der Hoffnung
gebucht, dass auch genügend Zuschauer und Zuhörer kommen würden. Diese bange Frage existierte längst nicht mehr.
Man wusste nun genau, dass die Fans von Helene Fischer
regelrecht darauf brannten, sie wieder oder endlich einmal
live zu erleben. Deshalb wurden für die Tour mit die größten Veranstaltungsorte gebucht, die in den jeweiligen Städten
zu finden waren – von der Kölner Lanxess Arena bis zur O2
World in Berlin.

»So wie ich bin – Die Tournee 2010«: Unter diesem Motto
standen die Shows, benannt nach dem 2009 erschienenen
Album. Helene Fischer konnte nun zeigen, wer sie wirklich
war und was sie konnte. Denn was das Publikum jetzt geboten bekam, war eine Schlagersängerin, die nicht nur eine
Schlagerparade vortrug und ihre bekannten Titel sang. Die
Helene Fischer des Jahres 2010 war zur Entertainerin gereift,
die eine echte Show präsentierte. Selbst wer sich nicht zum

Kauf eines Tickets entschließen konnte – deren Preise seinerzeit als teuer kritisiert wurden, obwohl sie bei knapp 40 Euro starteten und damit noch weit vom Niveau späterer Jahre entfernt waren –, hatte die Gelegenheit, die Höhepunkte der Show auf der nach Tournee-Ende veröffentlichten »Best of«-DVD anzuschauen.

Die Überraschung begann bei der Musik: Gespielt wurde, was das Publikum bereits kannte und liebte, doch durch die ausgefeilten Arrangements und die damals schon recht opulente Orchestrierung hatten sich die Titel von der Mitklatsch-Rhythmik vergangener Tage gelöst, sie wirkten nun deutlich moderner und auch hochwertiger. Auf der Bühne standen Streicher und Bläser, es gab Backgroundsängerinnen.

Ebenfalls zum Kapitel Musik zählte, dass während der Tour auch wieder Fremdtitel auf dem Programm standen. Darunter in fast schon intimer Atmosphäre vorgetragene Klassiker wie *Über sieben Brücken musst du geh'n* oder internationale Erfolgstitel – etwa *You raise me up*.

Aber dann war da vor allem die Show, die man so weder von Helene Fischer noch von anderen deutschen Interpreten kannte. Dass Helene Fischer von einem Kostüm ins nächste wechselte, war nur ein Element von vielen. Insbesondere die ausgefeilte Choreografie, die eine Lichtshow, Videohintergründe und natürlich viele Tänzer umfasste, die gemeinsam mit der Sängerin immer wieder für Überraschungsmomente sorgten. Mal tanzte man zu russischen Melodien in entsprechender Kostümierung, mal wirbelten maskierte Tänzer umher und mal schwebte Helene Fischer auf einer Schaukel sitzend hoch über den Köpfen des Publikums. Die Tournee sollte dazu führen, dass auch von den Medien erstmalig im Zusammenhang mit der Sängerin Las Vegas erwähnt wurde – allerdings nicht zum letzten Mal. Tatsächlich hatte das neue Team aus dem

Stand eine Show auf die Beine gestellt, die internationale Vergleiche nicht zu scheuen brauchte. Dabei war auch das – nach den fast vergessenen Anfängen – wieder ein Neuanfang. Helene Fischer hatte ihren Zenith jedoch noch längst nicht erreicht – nicht den ihres Könnens und schon gar nicht den ihres Erfolges.

»Ich hab die Ochsentour im Grunde ja schon hinter mir.« Deutlicher konnte Helene Fischer ihren erreichten Status kaum ausdrücken, als sie im Januar 2011 in Stefan Raabs Sendung *TV Total* zu Gast war. Der Moderator hatte sie nach Auftritten wie etwa auf Mallorca gefragt und von der Sängerin diese erleichterte Antwort erhalten. Anfangs habe sie alles gemacht, berichtete Helene Fischer weiter. Vielleicht dachte sie in jenem Moment auch an den Auftritt im Einkaufszentrum in Schönebeck an der Elbe zurück.

KAPITEL 3

Farbenspiel

Phänomen: Der Amerikaner

Exakt 6 622 328 Euro an Spendengeldern erzielte eine Show, die am 16. Dezember 2010 im Ersten Programm des deutschen Fernsehens ausgestrahlt wurde. Es handelte sich um die 16. José-Carreras-Gala, bei der traditionell zur Weihnachtszeit im Namen des Sängers Geld für dessen Leukämie-Stiftung gesammelt wurde.

Der spanische Tenor zählt zu den größten Opernsängern des 20. Jahrhunderts. Gemeinsam mit Luciano Pavarotti und Placido Domingo bildete er die mittlerweile legendären »Drei Tenöre« und stand auf den größten Opernbühnen der Welt. Doch der Name José Carreras steht nicht nur für ein großes Talent und eine einzigartige Stimme, er ist auch mit einem Schicksalsschlag verbunden. Als seine Karriere ihren ersten Höhepunkt erreichte, erkrankte Carreras im Jahr 1987 an Leukämie. Die Ärzte schätzten seine Überlebenschancen äußerst gering ein, doch ein Nobelpreisträger wagte die damals noch nicht sehr verbreitete Knochenmarktransplantation – José Carreras wurde gesund und stand bald wieder auf der Bühne.

Aus Dankbarkeit für die zweite Chance, die ihm gegeben wurde, gründete der Tenor daraufhin die »Fundación Internacional José Carreras para la lucha contra la leucemia« – die

José-Carreras-Leukämie-Stiftung, die ihren Hauptsitz in Barcelona hat, aber auch in der Schweiz, den USA und Deutschland präsent ist.

Zu den Aktivitäten der deutschen Niederlassung gehört seit 1995 die jährliche Benefizgala, um Gelder für die Unterstützung der Hilfsarbeit zu sammeln – mehr als 60 Millionen Euro kamen so im Laufe der Jahre zusammen.

Der weltberühmte Name des Stiftungsgründers und natürlich der gute Zweck führten dazu, dass alljährlich die ganz Großen des nationalen und internationalen Showbusiness an der Gala teilnahmen. Im Dezember 2010 waren das unter anderem Sting, Nena, Xavier Naidoo, Andrea Berg, Vicky Leandros und die Band Silly.

Und dann war da noch ein ganz besonderer Auftritt. Ein Moment, der an sich sehenswert war – und zudem einen Ausblick auf das gab, was von Helene Fischer in baldiger Zukunft noch zu erwarten war. Die Sängerin stand nämlich nicht allein auf der Bühne. Sie sang vielmehr die englischsprachige Version von *Stille Nacht – Silent Night* – mit niemand Geringerem als Michael Bolton.

Bolton kann als einer der wenigen ohne Wenn und Aber als Weltstar bezeichnet werden. Auf sein Konto gehen unter anderem Hits wie *How Am I Supposed To Live Without You*, der 1989 nicht nur in den USA, sondern auf der ganzen Welt die ersten Plätze der Charts belegte. Ähnlich erfolgreich war 1991 *When A Man Loves A Woman* sowie 1993 der Titel *I Said I Loved You But I Lied*.

Doch Bolton war nicht nur als Interpret erfolgreich, er komponierte auch für andere große Künstler. Barbra Streisand hat ebenso Titel von Michael Bolton im Repertoire wie die Rock-Band KISS oder Cher. Daneben arbeitete Bolton unter anderem schon mit Bob Dylan zusammen.

Für sein jahrzehntelanges Schaffen wurde er mit zahlreichen Auszeichnungen geehrt, gewann die wichtigsten Musikpreise nicht selten sogar mehrmals. Den Grammy bekam Bolton gleich zweimal, den American Music Award insgesamt sechsmal.

Die Gesamtzahl der Singles und Alben, die Bolton im Laufe seines Lebens bisher verkaufen konnte, wird auf mehr als 50 Millionen geschätzt. Zum Vergleich: Anfang 2014 erklärte Helene Fischers Manager Uwe Kanthak, dass die Sängerin bis dahin knapp sechs Millionen Alben verkauft hatte.

Er war also durchaus jemand, zu dem man aufschauen konnte, als er da neben Helene Fischer auf der Bühne stand. Dennoch trafen sich die deutsche Schlagersängerin und der amerikanische Weltstar auf Augenhöhe.

Bekannt und berühmt ist Michael Bolton vor allem für seine unverwechselbare Stimme. Eine Gesangsstimme, die ebenso rau wie klar, kräftig wie einzigartig ist. Nur wenige Sänger besitzen die Fähigkeit, sich gegen dieses Organ in einem Duett durchzusetzen, viele gehen eher ungehört unter. Nicht so Helene Fischer. Zwar ist *Silent Night* ein sehr leises Lied. Das war es auch noch, als Helene Fischer an jenem Dezembertag des Jahres 2010 zunächst solo begann. Doch als schließlich Michael Bolton einsetzte, wuchs das eigentlich so simple Stück zu etwas Größerem und vor allem Lauteren an. Wer nun befürchtete, auch Helene Fischer würde sich gegen den großen Mann und seine Stimmgewalt nicht durchsetzen können, der irrte. Sie steckte nicht zurück, sondern blieb auf einem Niveau mit Bolton. Was bedeutete, dass die Zuhörer niemals nur die dominierende männliche Stimme vernahmen, sondern immer auch die von Helene Fischer, die zu keinem Zeitpunkt im Hintergrund verschwand.

Für die mittlerweile 26-Jährige war der Abend trotz ihrer inzwischen unzähligen Erfolge sicherlich ein ganz besonderer Moment. Schließlich wird einem nicht jeden Tag die Gelegenheit geboten, gemeinsam mit einem Weltstar aufzutreten. Doch auch Michael Bolton äußerte sich spätestens seit diesem Zusammentreffen beeindruckt vom Können und der stimmlichen Leistung einer Helene Fischer.

Wie beeindruckt er war, das zeigte sich, als Michael Bolton am 21. Mai 2011 das 21. Studio-Album seiner langen Karriere veröffentlichte. Es trug den Titel »Gems – The Duets Collection«. Der Sänger interpretierte darauf eigene Kompositionen, aber auch Titel anderer Komponisten. Und, wie der Titel Duets schon sagt, arbeitete er bei jedem Stück auch mit anderen Künstlern zusammen. Mit dabei war A. R. Rahman, ein Sänger und Komponist, der für seine Mitarbeit an dem Erfolgsfilm *Slumdog Millionaire* unter anderem zwei Oscars erhielt. Ebenfalls als Duett-Partnerin ausgewählt hatte Bolton die junge Australierin Orianthi, die Michael Jackson als Lead-Gitarristin für seine nie stattgefundene letzte Tour »This is it« engagiert hatte, bevor er starb. Außerdem dabei waren der Sänger und Heidi-Klum-Exmann Seal, die amerikanische Konzertviolinistin Anne Akiko Meyers, der Trompeter Chris Botti und viele andere – insgesamt eine auf den ersten Blick recht bunte Mischung von Künstlern, die sich jedoch immer durch besonderes Talent und großes Können auszeichneten.

Und dann war da noch ein Name: Hinter dem zehnten der zwölf auf dem Album vertretenen Songs stand »feat. Helene Fischer«. Während sie selbst in der Heimat noch daran arbeitete, sich weiter vom Schlagerkorsett zu emanzipieren, war sie nun auf einem Album vertreten, das auf der ganzen Welt angeboten wurde – vor allem wohl auch an Orten, an denen niemand das Wort Schlager je gehört hatte und sich vermutlich auch nichts darunter vorstellen konnte.

Außerdem sang Helene Fischer gemeinsam mit Bolton nicht irgendeinen Song, sondern es war *Make You Feel My Love*. Den hatte ein weiterer Weltstar komponiert, woraufhin andere Weltstars das Stück aufnahmen.

Geschrieben wurde *Make You Feel My Love* im Jahr 1997 von Bob Dylan. Doch bereits zwei Monate bevor es von ihm gesungen auf dem Album »Time Out Of Mind« erschien, veröffentlichte Billy Joel seine Version des Stückes. Als erste Single-Auskopplung aus Joels »Greatest Hits Volume III« stieg der Titel direkt in die Billboard-Charts ein. Das sollte allerdings nur die erste von unzähligen Coverversionen sein und beileibe nicht die erfolgreichste. Ein Jahr später veröffentlichte Country-Musiker Garth Brooks seine Version und schaffte es damit auf Platz eins der Liste der »Hot Country Songs« in den Billboard Charts.

Die in Europa sicherlich bekannteste Version des Titels ließ dann noch ein ganzes Jahrzehnt auf sich warten: Im Jahr 2008 wählte Adele *Make You Feel My Love* für ihr Debütalbum »19« aus, das zu einem internationalen Nummer-eins-Erfolg wurde. Die Dylan-Komposition wurde auch als Single ausgekoppelt und erreichte ebenfalls obere Chartpositionen.

Zu den weiteren Interpreten des Titels zählten Kelly Clark-son, Ronan Keating, Bryan Ferry und viele andere.

Helene Fischer konnte sich nun tatsächlich in eine Reihe mit internationalen Showgrößen stellen. Doch dabei sollte es nicht bleiben: Speziell für den deutschen Markt wurde eine besondere Edition des Bolton-Albums veröffentlicht. Auf der war Helene Fischer gleich mit vier Titeln vertreten, die sie gemeinsam mit Bolton sang.

Selbstverständlich zählte zu der nun schlicht »Duette« betitelten deutschen Edition auch *Make You Feel My Love*. Außerdem aber sangen die beiden zusammen Boltons wohl größten Erfolg *How Am I Supposed To Live Without You*, dazu noch *Vivo Per Lei*, das durch die Interpretation des italienischen Tenors Andrea Bocelli bekannt geworden war, und schließlich *The Prayer*.

Auch an der Bekanntheit dieses Titels hatte Bocelli seinen Anteil, weil er ihn gemeinsam mit Céline Dion gesungen hatte, dem wohl größten Vorbild Helene Fischers. Dass die junge deutsche Sängerin sich an dieses Stück überhaupt heranwagte und die Aufgabe dann auch noch mit Bravour meisterte, das kommentierte Michael Bolton später mit offener Bewunderung. In einem Interview der *Bild* erklärte er einmal, dass er sie »erstaunlich« fände. Anfangs habe er gar nicht recht gewusst, mit wem er da zusammensingen würde, er habe nichts geahnt von der Popularität Helene Fischers in Deutschland. Was ihn besonders beeindruckt habe, das sei eben die Stimme und die Tatsache, dass sie weit mehr könne, als seichte Musik zu singen. Sie habe immerhin auch klassische Stücke drauf und wage sich nicht zuletzt an Musik heran, die für eine Céline Dion geschrieben worden sei. Die gegenseitige Bewunderung von Helene Fischer und Michael Bolton sollte dazu führen, dass die Zusammenarbeit nicht an diesem Punkt endete, sondern man weiter gemeinsam auf Bühnen stand und Titel aufnahm – wie sich noch in diesem Jahr zeigen sollte.

Denn als am 14. Oktober 2011 mit »Für einen Tag« Helene Fischers fünftes Studioalbum veröffentlicht wurde, war darauf der Name Michael Bolton vertreten. Im Grunde handelte es sich um eine Fortsetzung dessen, was Bolton mit seinen »Duets« angefangen hatte. Holte er Helene Fischer hinzu, um mit ihr gemeinsam *Make You Feel My Love* zu singen, kehrte man dieses Prinzip nun um: Auf »Für einen Tag« war nun Bolton der Gast und sang mit Helene Fischer dieses Lied.

Doch der bemerkenswerteste Fakt zu diesem Album war ein anderer. Bisher hatten es die Alben der Sängerin in schöner Regelmäßigkeit auf Spitzenpositionen der Charts geschafft, in Österreich sogar auf Platz eins – das jedoch war in Deutschland noch nicht gelungen. »Für einen Tag« schloss diese vermutlich vorerst letzte Lücke in der ansonsten makellosen Erfolgsbilanz und wurde zum ersten Schlageralbum seit Urzeiten, das diese Position in der offiziellen und internationalen deutschen Chart-Auflistung besetzte.

Wie sehr sich das *Phänomen* Helene Fischer – so ein Titel auf »Für einen Tag« – ausgebreitet hatte, das zeigte aber nicht nur die Chartplatzierung, sondern etwas, das einen Tag später enthüllt werden sollte. An einem Abend, der einmal mehr mit einer Überraschung begann, obwohl das Thema doch mittlerweile abgehakt erschien.

Am 15. Oktober nämlich war Helene Fischer wieder dort zu Gast, wo im Grunde alles begonnen hatte: in der Fernsehshow von Florian Silbereisen, mit dem sie mittlerweile bereits zwei Jahre liiert war.

Beide standen gemeinsam auf der Bühne, als Silbereisen sagte: »Ich habe jetzt noch eine entscheidende Frage an dich«, dann nahm er seine Freundin bei den Händen. Die schien genau das zu vermuten, woran auch das Publikum in diesem Augenblick dachte, und hielt erschrocken die Luft an. Woraufhin allerdings Florian Silbereisen lachend den Kopf schüttelte und der gesamte Saal ebenfalls lachte und johlte.

Erst als sich die Situation wieder beruhigt hatte, konnte Silbereisen die Frage loswerden, die er eigentlich stellen wollte. Und die lautete: »Bist du wirklich einmalig?«

Die Antwort musste zu diesem Zeitpunkt Nein lauten, wie bald klar wurde. Denn Helene Fischer war eine Ehre zuteilgeworden, auf die selbst internationale Stars oft ihr ganzes Leben warten müssen: Man hatte eine Wachsfigur mit ihren unverkennbaren Zügen erschaffen, die in Madame Tussauds Wachsfigurenkabinett gezeigt werden sollte. Dort hatte man nämlich die Besucher gefragt, wessen Ebenbild sie in der Ausstellung vermissten, die Antwort lautete nur allzu oft: Helene Fischer. Sie nahm diese Ehrung nicht nur erfreut an, sondern stellte sich auch der anstrengenden Prozedur, die der Fertigung eines solchen Ebenbildes vorausgeht.

Ein knappes halbes Jahr zuvor musste sie sich zu einem ersten sogenannten »Sitting« bei Madame Tussauds einfinden. Dort wurde sie dann sprichwörtlich von Kopf bis Fuß vermessen. Nicht weniger als 226 Einzelmaße ihres Körpers und Gesichts wurden genommen und notiert, heißt es. Zusätzlich fand ein Fotoshooting statt, um die Details auf mehr als 150 Fotografien festzuhalten, wie Florian Silbereisen nun auch den Zuschauern erklärte. Sechs Wochen habe danach allein das Modellieren des Kopfes gedauert, nicht weniger als 15 Mitarbeiter hätten an der wächsernen Helene gearbeitet.

Vorgestellt wurde die fertige Figur dann jedoch nicht in den Räumen von Madame Tussauds, sondern direkt im Rahmen der Silbereisen-Show. Und wieder einmal hatte Helene Fischer Glück in ihrem Leben: Nur zu oft stehen Besucher in Wachsfigurenkabinetten vor Figuren, die bestenfalls eine entfernte Ähnlichkeit mit der Person aufweisen, die sie darstellen sollen. Bei der Figur der Sängerin dagegen bestand kein Zweifel: Die Macher hatten mit großem Aufwand ihr Ziel erreicht und ein Abbild erschaffen, das bis ins kleinste Detail dem lebenden Vorbild entsprach.

Als wäre diese Statue noch nicht genug Beweis, welche Höhen der Popularität die Sängerin mittlerweile erklommen hatte, gab es nach der Enthüllung der Doppelgängerin noch eine weitere Ehrung ihres Schaffens. Gold- und Platinschallplatten hatte Helene Fischer nun schon häufig erhalten. Doch was an diesem Abend geschah, sollte noch einmal alles übertreffen. Helene Fischer erhielt für ihre Verkaufserfolge in Deutschland:

Fünffach Gold für das Album »So nah wie du«.

Dreifach Gold für das Album »So wie ich bin«.

Dreifach Gold für die DVD *So nah, so fern*.

Dreifach Gold für die DVD *Zaubermond Live*.

Dreifach Gold für die DVD *Best of Live – So wie ich bin*.

Doppel-Platin für die DVD *Mut zum Gefühl*.

Dreifach-Platin für das »Best of«-Album.

Selbst das war noch nicht alles, denn weiter ging es nun mit Auszeichnungen für die Erfolge in Österreich:

Dreifach-Platin für das Album »Von hier bis unendlich«.

Platin für das Album »So wie ich bin«.

Platin für das »Best of«-Album.

Ein unfassbarer Erfolg, der alles Bisherige weit hinter sich ließ: Träumen andere Künstler ihr Leben lang nicht nur von ihrem wächsernen Ebenbild, sondern auch davon, irgendwann einmal eine einzige Goldene Schallplatte überreicht zu bekommen, wurde Helene Fischer an diesem Tag mit nicht weniger als 17 Goldenen und zehn Platin-Auszeichnungen bedacht. Das war außergewöhnlich, es war einmalig – doch wie bislang in jedem Jahr ihrer Karriere galt auch jetzt: Ist ein Gipfel erreicht, dann muss ein neuer her, der sich erklimmen lässt. Denn mittlerweile kannten Helene Fischer und ihr Team schon gar keine andere Richtung mehr als immer nur bergauf.

Allein im Licht:
Hinter den Kulissen

Auf den nächsten Gipfel musste man nicht einmal lange warten, denn der wurde noch im selben Jahr erklommen. Bislang war Helene Fischer als Schlagersängerin ein Star, doch wenn sie im Fernsehen auftrat, dann meist als geladener Gast, über den man sich freute, weil mit ihrem Erscheinen nicht selten auch zusätzliche Zuschauerzahlen verbunden waren.

Doch ab dem 25. Dezember 2011 war auch das Geschichte. An diesem ersten Weihnachtsfeiertag strahlte Das Erste die Premiere der *Helene Fischer Show* aus – eine gut zweistündige Unterhaltungsshow, in der sich die Sängerin als Gastgeberin präsentierte und noch als vieles mehr. Für das Gros der Zuschauer dürfte es das erste Mal gewesen sein, dass sie die Künstlerin in der ganzen Vielfalt ihres Könnens bewundern konnten.

Natürlich sang Helene Fischer in ihrer eigenen Show auch ihre Erfolgstitel. Doch sie präsentierte sich außerdem als Entertainerin, als Artistin, im Rahmen von Zauberkunststücken und in eindrucksvollen Performances wie mit den Schattenkünstlern von Shadowland.

Hinzu kamen Duette mit zahlreichen eingeladenen Showgrößen. Einmal mehr sang sie gemeinsam mit Michael Bolton, auch Peter Maffay war dabei. Als weiterer Gast kam Deutschlands zweite große Schlagersängerin Andrea Berg in die *Helene Fischer Show* – obwohl den beiden immer wieder eine gewisse Rivalität angedichtet wurde.

Das Ergebnis des Projektes konnte sich sehen lassen: Mehr als fünf Millionen Zuschauer ließen sich an jenem Abend von Helene Fischer unterhalten.

Nach dem Jahreswechsel ging es zunächst einmal wie gewohnt weiter – auf eine Preisverleihung folgte die nächste und so weiter und so fort.

Doch speziell in Deutschland werden große Erfolge immer auch kritisch beäugt. Gerade sogenannte kritische Medien sind nicht zuletzt bekannt dafür, dass sie bei einem neuen deutschen Star das Haar in der Suppe suchen. Bislang hatten sich diese Medien überwiegend noch in neutraler Ignoranz geübt. Obwohl auch die Redakteure und Journalisten schon von den vielen goldenen Pokalen, den Preisen und Verkaufserfolgen gehört haben mussten, wirkten sie noch eine Spur verstört – so, als könne es im Grunde gar nicht wahr sein, dass ausgerechnet eine Schlagerinterpretin die gesamte deutschsprachige und internationale Konkurrenz in den Schatten stellte.

Langsam allerdings wachten die Medien aus diesem Dämmerschlaf auf und machten sich daran, das Phänomen Helene Fischer gründlich zu untersuchen. Nicht mit dem vorrangigen Wunsch, die eigene Berichterstattung wie eine weitere Lobhudelei wirken zu lassen. Was eher angestrebt wurde, war eine Kritik, die sich gewaschen hatte, wo es darum ging, Fehler und Ungereimtheiten, Peinliches oder gerne auch mal Entwürdigendes aufzudecken. Doch jeder, der sich vielleicht mit solchen Hintergedanken an die Arbeit machte, wurde enttäuscht und musste sich am Ende damit abfinden, dass er statt einer Schmähkritik eine etwas differenzierte Fassung dessen ablieferte, was der Boulevard und die Gelben Blätter seit Jahren schon verbreiteten: einen Bericht oder eine Reportage über eine Künstlerin, an der es kaum etwas zu kritisieren gab.

Manche versuchten es zumindest mit einem leidlich ironisch oder auch sarkastisch gestimmten Titel, der die Erwartungen einer sich selbst als besonders kritisch empfindenden Leserschaft befriedigen sollte. So trug ein im

September 2012 veröffentlichter Bericht der *Frankfurter Allgemeinen Zeitung* die Überschrift »Die Frische der Tannennadel«, die dann auch gleich erläutert wurde. Helene Fischer habe das Image der Makellosigkeit, sie sei ein Star, der trotz seines Ruhmes normal geblieben ist. Doch gab es bei dieser Frau wirklich keine Abgründe? Genau das wollte der Autor herausfinden, als er die Sängerin auf einer Zugfahrt zu einem Auftritt in Köln begleitete.

Zunächst drehte sich der Artikel noch um den Sinn des vom Fischer-Management herausgegebenen Hochglanzmagazins *Paradies*, das die Sängerin in scheinbar alltäglichen, aber doch hochprofessionell fotografierten Szenen und Situationen zeigte. Bald schon gab aber auch dieser Artikel seinen kritischen Ansatz auf und gestand, dass Helene Fischer tatsächlich so sei oder so wirke, wie sie selbst es immer behauptete, dass sie selbst auf unsinnige Fragen noch eine sinnvolle Antwort wusste – und dass sie sogar, Überraschung, Bücher las. Zu jener Zeit einen historischen Roman mit dem Titel *Die weißen Lichter von Paris*. Eine Information, um die sich die Boulevardmedien wahrscheinlich gerissen hätten, die sich nun jedoch in der *FAZ*, einem Medium des Bildungsbürgertums, wiederfand.

Ähnlich wie die *FAZ* versuchte sich wenig später auch die *Süddeutsche Zeitung* an einer Erklärung des Phänomens Fischer. Hier setzte man auf die Form einer Konzertkritik, die man mit den Worten »Miss Makellos« überschrieb. Auch dieser Autor fand wenig an der Sängerin auszusetzen. Er berichtete, dass Helene Fischer während ihres Konzerts in der Münchner Olympiahalle Schlagermäßiges ebenso sang wie ein Medley aus Titeln des Musicals *Grease*, den James-Bond-Song *Golden Eye* oder Whitney Houstons *I Will Always Love You*. Gerade diese Vielseitigkeit wurde dann genutzt, um diesen

Artikel, der vermutlich zu einem eher unerwünschten Lobgesang auf Helene Fischer geraten war, mit einer Kritik enden zu lassen: Das alles sei einfach zu viel des Guten. Der größte Erfolg des Artikels bestand wohl darin, dass man mit der Überschrift ein Etikett geschaffen hatte, das Helene Fischer von nun an begleiten sollte – Miss Makellos.

Von der Realität des immer weiter wachsenden Erfolges konnten allerdings auch solche Berichte nicht ablenken. Denn dass die Medien gerade im Herbst des Jahres 2012 wieder besonders intensiv über Helene Fischer schrieben, das lag an einer weiteren gerade begonnenen Tournee – die, man ahnt es schon, einmal mehr alles in den Schatten stellte. Und zwar in vielerlei Hinsicht. Dazu zählten zunächst die nun doch recht üppigen Ticketpreise: Bis zu 70 Euro wurden für eine Eintrittskarte verlangt. Auf der anderen Seite aber stürmten trotzdem mehr Menschen als je zuvor die Konzertkassen. Rund 300 000 Tickets für die geplanten Konzerte im In- und Ausland wurden verkauft.

Doch nicht nur die Nachfrage war gigantisch, auch die Shows selbst schufen ein vollkommen neues und noch internationaler wirkendes Format.

Und noch etwas war neu: Bisher konnten sich die Fans allein darauf freuen, Helene Fischer auf der Bühne zu sehen und zu hören. Im Jahr 2012 entstand jedoch ein aufwendiger und umfangreicher Dokumentarfilm, der Blicke hinter die Kulissen erlaubte – der Shows und der professionellen Welt der Helene Fischer. Einblicke, die viele, nicht zuletzt auch ihre Kritiker, überrascht haben dürften. Wer immer noch glaubte, dass die Sängerin allein ein Produkt war, das zwar gut aussehen und gut singen konnte, dessen Geschick aber von einem allmächtigen Management gesteuert wurde, der musste von nun an umdenken. Denn der Film zeigte auch, wie sehr Helene Fischer als

Person seit ihren Anfängen im Jahr 2005 gereift war, wie viel Verantwortung sie selbst trug und wie sie Entscheidungen traf und dies nicht anderen überließ.

Der Dokumentarfilm trug den Titel eines Helene-Fischer-Liedes: *Allein im Licht*. Die Fans und Fernsehzuschauer sollten ihn erst im Jahr 2013 zu sehen bekommen, inhaltlich jedoch begleitete er das Jahr 2012 im Leben der Sängerin.

Genau darin bestand auch die eigentliche Besonderheit der Dokumentation. Mittlerweile wusste die Öffentlichkeit, dass der Star nur ungern Privates preisgab, sich abseits der Auftritte und der in der Branche üblichen und zur Vermarktung notwendigen Presse- und PR-Termine lieber zurückzog. Über Helene Fischers Privatleben wusste man, dass es die Beziehung mit Florian Silbereisen gab, man wusste vielleicht von ihren Eltern, die immer noch in Wöllstein lebten, und man hatte eventuell auch gehört, dass sie selbst eine Wohnung irgendwo im Raum Frankfurt besaß. Das war es dann aber auch schon. Mehr gab es nicht, und Helene Fischer schien sehr darauf bedacht, dass es dabei auch blieb. Dass die Menschen sie allein aufgrund ihrer Arbeit und im Rahmen der professionellen Nähe zu ihren Fans lieben sollten.

Trotzdem schaffte es der Autor und Regisseur Kai Ehlers mit seinem Team von teamWorx-Produktion, diese Grenze zwischen Professionalität und Privatem zu überschreiten. Mit Erlaubnis von Helene Fischer durfte er sie mehrere Monate begleiten, konnte Momente dokumentieren, die ein anderes und vielleicht erstmals wahres Licht auf den Alltag, die Höhen und Tiefen im Leben des Stars warfen.

Vieles, was in dieser Dokumentation erstmals zu sehen und zu hören war, wird bis heute immer wieder zitiert, wenn es um Helene Fischer geht – nicht zuletzt, weil es seitdem keine weiteren, tiefer gehenden Einblicke in ihr Leben gab.

So wussten die Fans nach der Ausstrahlung, wie sich Helene Fischer vor den Auftritten einsingt. Sie bekamen mit, dass es während der Tournee vor den einzelnen Auftritten ein wiederkehrendes Ritual gab, bei dem Helene Fischer zusammen mit Tänzern und Musikern einen Kreis bildet und ein paar aufbauende Worte sagt, bevor es losgeht. Auch intime Momente wurden von der Kamera beobachtet und eingefangen. Wenn etwa Helene Fischer sich vor dem Schritt auf die Bühne – ganz allein im Dunkel wartend – bekreuzigt.

Und wer von Helene Fischers Team inzwischen vielleicht gehört hatte, einzelne Namen kannte, der konnte diese Menschen nun alle in Aktion erleben: den Choreografen Marvin A. Smith, den musikalischen Direktor Christoph Papendiek und nicht zuletzt den Manager Uwe Kanthak, der so gut wie nie von der Seite der Sängerin wich, neben ihr wie ein väterlicher Freund wirkte.

Da der Film im Jahr 2012 entstand, zeigte er vor allem aber auch, welcher Aufwand und welcher professionelle Anspruch sich mittlerweile mit dem Projekt Helene Fischer verbanden. Jeder Mensch, der einmal eine Live-Show des Stars erlebt hat, konnte sich vorstellen, dass sich so etwas nicht von einem Tag auf den anderen auf die Beine stellen ließ. Trotzdem ist der tatsächliche Umfang der Vorbereitungen für Außenstehende kaum zu ermessen.

Die Dreharbeiten begleiteten die letzten und entscheidenden drei Monate der Vorbereitung. Wie hoch die Ansprüche an die Mitwirkenden der Live-Shows waren, das zeigte sich unter anderem daran, dass man in Deutschland gleich mehrere Castings für geeignete Tänzer veranstaltete. Doch trotz der großen Zahl von Bewerbern musste man sich schließlich eingestehen, dass sich in Deutschland kein einziger Kandidat finden ließ, der den Ansprüchen tatsächlich genügte.

Also entschied man sich zu etwas, das im Zusammenhang mit dem Begriff Schlager immer noch für manchen sogenannten kritischen Geist kaum in Einklang zu bringen ist. Um geeignete Tänzer aufzutun, die in der Lage waren, die komplexen Choreografien professionell umzusetzen, machte man sich im Ausland auf die Suche, und zwar in der Hauptstadt des internationalen Showgeschäfts: Gemeinsam mit ihrem Choreografen Marvin A. Smith reiste Helene Fischer nach Los Angeles, veranstaltete dort weitere Castings und wurde schließlich auch fündig.

Als nicht minder aufwendig entpuppte sich die Gestaltung dessen, was sich Helene Fischer als Basis für ihre Auftritte wünschte: Die Tournee-Bühne sollte ein »XXL-Spielplatz« werden. Und dessen erste Begutachtung durch das Team wurde in dem Film ebenfalls dokumentiert – ohne allerdings auf die Hintergründe der Entstehung einzugehen. Gezeigt wurde zwar, dass das Ergebnis durchaus eindrucksvoll war. Was die Fans nicht erfuhren, war, dass man auch in Sachen Bühnenbau nicht allein auf erfahrene Mitarbeiter aus der Heimat vertraute. Vielmehr holte man Spezialisten mit ins Boot, die sonst Bühnen für einige der größten Stars der Welt konzipieren: Die Firma Tait Technologies etwa schuf schon die Basis für Touren von Madonna, Pink, den Rolling Stones, Beyonce, Robbie Williams oder Justin Timberlake.

Gemeinsam mit weiteren nationalen und internationalen Fachleuten kreierte diese Firma nun den gewünschten XXL-Spielplatz. Beide Ziele wurden erreicht: Die Bühne der Tour war sowohl XXL als auch ein weitläufiger und perfekt durchdachter Spielplatz.

Neben der Größe des Aufbaus beeindruckten unter anderem 270 Quadratmeter LCD-Bildschirme, Helene Fischer konnte auf der Plattform eines Krans über dem Publikum

schweben, der schon Tina Turner und Michael Jackson getragen hatte. Außerdem waren in die Bühne zwei sogenannte Flaggapults integriert – Aufzüge, über die Artisten und
Tänzer entweder aus dem Boden herausfahren oder sogar
regelrecht hinausgeschossen werden können.

Ohne weiter auf die technischen Details eingehen zu
wollen, stand die opulente Bühne auch für etwas, das eigentlich erst mal wenig mit Bühnenbau an sich zu tun hat:
Selbstbewusstsein.

Tatsächlich war die Bühne nämlich auch entsprechend
dem weiter gewachsenen Selbstbewusstsein des Stars Helene
Fischer konzipiert. Üblicherweise kennt man Solokünstler,
die sich vor dem Publikum in den Mittelpunkt stellen und so
automatisch alle Aufmerksamkeit auf sich ziehen. Der »XXL
Spielplatz« dagegen bot auch Platz für die vielen anderen en-
gagierten Künstler, vor allem natürlich Tänzer, die auf der
Bühne agierten. Und sie war groß genug, dass Helene Fischer
zwischen ihnen regelrecht verschwinden konnte und dadurch
von den etwas weiter hinten gelegenen Zuschauerplätzen
kaum noch zu identifizieren war. Genau darin aber ließ sich
das Selbstbewusstsein der Künstlerin erkennen: Sie hatte
es gar nicht nötig, immer vorne in der Mitte zu stehen und
von allen Scheinwerfern angestrahlt zu werden. Stattdessen
konnte sie, wann immer es ihr gefiel, in den Hintergrund treten, den anderen mehr Raum gewähren – weil sie sich ihrer
Sache so sicher war, das nötige Selbstvertrauen besaß und
somit wusste, dass sie jederzeit wieder alle Aufmerksamkeit
auf sich ziehen und zurück in den Mittelpunkt treten konnte.

Dass sie auch abseits der Bühne längst im Mittelpunkt stand,
das zeigte die Dokumentation *Allein im Licht* ebenfalls: Zwar
konnte Helene Fischer auf ein Management vertrauen, das in
ihrem Sinne handelte, sie wusste um die Fähigkeiten ihres

Choreografen oder des musikalischen Leiters und konnte ihnen wichtige Arbeiten einfach überlassen.

Tatsächlich aber war Helene Fischer inzwischen die Chefin ihres kleinen Reiches. Begann sie ihre Karriere sozusagen als ausführende Künstlerin nach den Vorgaben anderer, leitete sie nun vieles selbst, gab Anweisungen und traf Entscheidungen. Die erfolgreiche Helene Fischer des Jahres 2012 mochte manchen Kritikern oder Neidern als Marionette gegolten haben. Das Gegenteil war der Fall, wie nicht zuletzt die Dokumentation bewies. Es gab im Rahmen der Tourneevorbereitungen kaum ein Detail, an dem Helene Fischer nicht beteiligt war, und nicht eine endgültige Entscheidung, an der sie nicht mitgewirkt hätte.

Auch ihr aus überwiegend männlichen und deutlich älteren Mitarbeitern bestehendes Team akzeptierte den Star nicht nur als das für alle Geld bringende Produkt, sondern als eine Führungsperson, deren Meinung ausschlaggebend war.

Umgekehrt aber agierte Helene Fischer nicht wie ein erfolgsverwöhnter und selbstverliebter Star, sondern als gleichberechtigtes Mitglied eines Teams. Man diskutierte gemeinsam über Details des auch diese Tour begleitenden Magazins *Paradies*, traf gemeinsam die Entscheidungen etwa über Farbgebungen und grafische Gimmicks. Ähnlich sah es aus bei der endgültigen Auswahl der Tänzer in Los Angeles, bei der nicht der Choreograf allein entschied, oder bei der Feinabstimmung des Showablaufs, der ebenfalls eine Teamentscheidung darstellte.

Offensichtlich wurde dabei auch, wie genau Helene Fischer sich selbst und ihr Image betrachtete. Ihr war durchaus klar, dass die vermittelte Makellosigkeit niemals das gesamte Bild ihrer Persönlichkeit erfasste und schon gar nicht darstellen konnte. Daher war sie regelrecht dankbar, dass sie mit dem bislang letzten Album und auch live auf der Tour einen Song singen konnte, der sie aus einem ungewohnten Blickwinkel zeigte. Gemeint war der Titel *Nur wer den Wahnsinn liebt*. Der drehte sich wie so viele Popsongs und Schlager um das Thema Liebe, doch ging es hier um das Gegenteil einer vollkommen normalen Beziehung. Vielmehr wurden gelebte Verrücktheiten besungen. Es ging darum, nicht zu wissen, was der nächste Tag bringt – außer immer wieder neuen Überraschungen. *Nur wer den Wahnsinn liebt*, könne so etwas wollen und auch durchhalten – und genau so ein Mensch sei sie.

Auch diesen Titel hatte Helene Fischer weder selbst komponiert noch selbst betextet. Es handelte sich einmal mehr um eine Komposition von Jean Frankfurter, in diesem Fall mit einem Text von Joachim Horn-Berges.

Dennoch kann auch dieser Titel als Ausdruck der sich weiterentwickelnden und emanzipierenden Persönlichkeit von Helene Fischer betrachtet werden, die zunehmend ihren Einfluss geltend machte. Sie nahm nicht bloß fertige Kompositionen an und interpretierte sie dann in gewohnter Perfektion. Vielmehr äußerte sie auch Wünsche und achtete darauf, welche Themen die Texte behandelten, in welche Richtung die Sache ging.

Ebenso verhielt es sich bei den gecoverten Titeln, die wie gewohnt zum Live-Programm zählten – etwa der erneut vertretene James-Bond-Klassiker *Golden Eye*. Der, so erklärte Fischer, gebe ihr Gelegenheit, sich auch mal als »sexy« Frau vor dem an Schlager gewöhnten Publikum zu präsentieren.

Das war eine Seite, die sicherlich viele Menschen gern von sich zeigen würden. Helene Fischer war sich jedoch nicht zu schade, auch eine andere und auf den ersten Blick nicht unbedingt sexy Seite zu zeigen: die einer disziplinierten Arbeiterin, die nachts, allein im Hotelzimmer und bekleidet mit Wollsocken und schlabberndem Hemd, mit dem iPhone in der Hand vor der Premiere noch einmal den Text von *Golden Eye* und die dazugehörende Choreografie paukte.

Als die so lange vorbereitete Tour des Jahres 2012 schließlich startete, wurde sie zu dem, was eigentlich jeder erwartet – oder sich zumindest erhofft – hatte: einem weiteren Triumphzug. Die größten Hallen landauf wie landab waren meist bis zum letzten Rang ausverkauft. Die aufwendige und immer wieder geprobte Show saß perfekt und stellte ein Entertainment-Ereignis dar, wie man es bis dahin von einer deutschen Künstlerin noch nicht kannte – auch von Helene Fischer nicht.

Doch die Tour war nicht nur das Größte, was in Deutschland seit langer Zeit im Musikgeschäft auf die Beine gestellt worden war. Für alle Beteiligten war das Programm auch ein anstrengender und im Laufe der Zeit vor allem auszehrender Ritt.

Schließlich besteht eine Tournee nur zum kleinsten Teil aus den gut zwei Stunden, die allabendlich vor dem Publikum gezeigt werden. Dazwischen liegen immer wieder lange Strecken, die zurückgelegt werden müssen. Darsteller müssen ebenso wie die Bühne und das ganze Equipment von einem Ort zum anderen geschafft werden. Und an jedem dieser Orte gibt es wiederum Menschen, die mehr wollen, als den Star von einem Logenplatz aus zu beobachten.

Täglich warteten Hunderte von Fans auf »ihre« Helene Fischer, die manchmal nur ein Autogramm wollten, sich häufig aber auch ein zumindest kurzes Gespräch mit der Künstlerin erhofften, davon träumten, ein paar Worte mit ihr zu wechseln. Ihr wurden auch kleine Geschenke überreicht, für die es sich dann zu bedanken galt.

Außerdem wartete überall neben den Fans auch die lokale Prominenz, die zu einem Empfang einlud. Mal war es ein Händeschütteln mit einem Politiker, mal ein gemeinsames Posieren mit Bundesligagrößen für den Fotografen – und immer wieder selbstverständlich Interviews, in denen die stets gleichlautenden Fragen mit der stets gleichen Professionalität zu beantworten waren.

All diese anstrengenden und auch Stress auslösenden Faktoren gingen nach den mittlerweile fast sieben pausenlos durchgearbeiteten Jahren an Helene Fischer nicht mehr spurlos vorüber. Spätestens im letzten Drittel der Tournee bemerkten sensible Beobachter, dass die Kräfte des Stars nicht unerschöpflich waren. Auf der Bühne sammelte sie zwar weiterhin ihre ganze Energie und ließ sich keine Schwäche anmerken, weder gesanglich noch tänzerisch. Doch bei den Pflichtterminen zwischen den Auftritten wie beispielsweise den Autogrammstunden sah man Helene Fischer die nachlassenden Kräfte schon an.

Nach einem Konzert im französischen Straßburg war dann wirklich Schluss. Nicht weil Helene Fischer keine Kraft mehr aufbringen konnte, ihr versagte das wichtigste Instrument – die Stimme. Schon in der Nacht zuvor hatte sie ständig husten müssen und zu Konzertbeginn war ihr dann endgültig klar, dass sie Probleme bekommen würde. Zwar stand sie den Abend auf der Bühne noch durch. Danach allerdings hatte sie nicht nur Husten und Halsschmerzen – durch die Anstrengung der Show hatte sie sich heiser gesungen. Es schien nahezu ausgeschlossen, dass sich daran bis zum nächsten Auftritt etwas ändern würde.

Helene Fischer dachte in diesem Moment jedoch nicht nur an sich und ihr eigenes, wenn auch recht ernstes Problem. Sie zeigte einmal mehr Charakter und wie pflichtbewusst sie war, wie sehr sie sich ihren Fans verpflichtet fühlte. Das Filmteam war immer noch in ihrer Nähe und konnte daher ihre Reaktionen ungefiltert einfangen. Eine Show wie an jenem Abend wollte Helene Fischer nie wieder abliefern. Weil sie damit ihrer Meinung nach die Fans enttäuschte, die ja für die volle Leistung und das komplette Bühnenprogramm bezahlt hatten. An diesem Abend aber habe sie nicht nur eine eingeschränkte Leistung präsentiert, das Programm sei wegen ihrer Beschwerden auch zwanzig Minuten kürzer ausgefallen als üblich. Den Hinweis, dass andere Künstler so etwas durchaus auch mal erlebten, wollte Helene Fischer nicht gelten lassen – ihr wäre es lieber, wenn ihr so etwas erspart geblieben wäre. Nach ihrer Ansicht wäre es besser, dann ein Konzert abzusagen und zu verschieben, statt den Fans etwas zu bieten, das nicht auf dem Niveau von 100 Prozent lag.

Im Grunde war zu diesem Zeitpunkt die Tournee schon fast geschafft. Mehr als 40 Konzerte wurden perfekt absolviert, dieses eine nicht – und nur fünf weitere Shows standen noch bevor.

Doch niemand wollte das Risiko eingehen, entweder mit einer zweifelhaften Bühnenleistung die Besucher zu verärgern oder gar, schlimmer noch, Helene Fischers Stimmbänder weiter und eventuell dauerhaft zu schädigen. Daher stand am folgenden Tag statt der Weiterfahrt zum nächsten Veranstaltungsort ein Flug nach Wien auf dem Programm, wo man einen auf derartige Probleme spezialisierten Arzt konsultieren wollte.

Der allerdings gab die vielleicht erhoffte Entwarnung nicht. Statt Linderung durch ein Medikament, das die Stimme möglichst schnell wieder zurückbrachte, verordnete er, was eine Sängerin auf Tournee so gar nicht gebrauchen konnte: striktes Schweigen.

Dennoch bestand Hoffnung, dass es bei der Verschiebung des einen Konzerts bleiben würde und Helene Fischer an den folgenden Terminen wieder auf der Bühne stehen könnte. Doch auch diese Hoffnung wurde zunichtegemacht, die Stimme kehrte nicht so schnell zurück: Insgesamt mussten vier Konzerttermine abgesagt werden. Erst für das Abschlusskonzert in Mannheim gab der Arzt wieder grünes Licht.

Das Konzert wurde ein furioser Erfolg, und der bislang einzige und damit auch schwerste Rückschlag in Helene Fischers beruflicher Laufbahn geriet bald in Vergessenheit. Denn auch wenn das mittlerweile angesichts der vielen unglaublichen Erfolge kaum noch möglich erschien, ging es mit der Karriere immer weiter bergauf.

Tausend gute Gründe:
Butter bei die Haare

Ist ein Mensch prominent, dann werden auch diejenigen auf ihn aufmerksam, die ansonsten wenig mit dem Showgeschäft zu tun haben. Denn Prominenz führt nicht nur dazu, dass die betreffende Person ein begehrter Gast ist, jemand, an dessen Seite man sich gerne zeigt – Prominenz ist in vielen Punkten auch gleichbedeutend mit guten Geschäften und mit Geld.

Des Weiteren kaufen sich andere auch gerne Prominenz ein, um sich selbst oder eine Ware bekannt zu machen, ihrem Produkt ein bestimmtes Image zu verleihen. Schließlich werden Prominente bevorzugt als Werbeträger oder Botschafter in Sachen Vermarktung genutzt.

Natürlich nur, wenn das Image der prominenten Person auch zu der beworbenen Ware passt. Wohl niemand würde etwa einen für seine Ausraster berüchtigten Star als Gesicht für eine Werbekampagne nutzen wollen, die etwa Kindernahrung bekannt machen soll.

Helene Fischer hingegen galt immer noch als vollkommen frei von allen Ecken und Kanten, wurde von Hunderttausenden Fans geliebt und selbst von einstigen Kritikern ihrer Musik zumindest geachtet, wenn nicht sogar heimlich verehrt. Alles in allem ist sie keine Person, an der sich die Geister scheiden, sondern eine, die unterschiedlichste Ansichten und auch Geschmäcker vereint.

Jemanden wie sie hat es in Deutschland schon lange nicht mehr gegeben. Selbst die ähnlich erfolgreiche Schlagergröße Andrea Berg polarisiert die Gemüter bis heute. Helene Fischer war aufgrund ihres Images das perfekte Werbegesicht, wie zahlreiche Unternehmen mittlerweile feststellten. Und mit dem sich immer weiter in die Höhe schraubenden Erfolg wurde es bald selbstverständlich, dass bei Helene Fischer entsprechende Anfragen zuhauf eintrafen – sie musste sich letztlich entscheiden, für welche Marke sie das Werbegesicht sein wollte.

Das Ergebnis dieser Überlegungen gelangte im Frühjahr 2013 an die Öffentlichkeit. Zwei Unternehmen würde die Sängerin von nun an präsentieren: Eines davon war recht naheliegend, das andere allerdings kam etwas überraschend.

Helene Fischer wurde einerseits zum Werbegesicht für ein Kosmetikunternehmen, das Haarpflegeprodukte anbot – nicht zuletzt auch solche zur Coloration, also zum Färben der Haare. Schließlich erkennt jeder, der frühere Aufnahmen der Sängerin mit ihrem aktuellen Erscheinungsbild vergleicht, dass das zur Schau gestellte helle Blond vielleicht nicht ganz ihrem natürlichen Haarton entspricht. Dass dann mit dem lächelnden Gesicht Helene Fischers auch die »Grauabdeckung« des Produkts beworben wurde, dürfte die Sängerin wohl erst in einigen Jahrzehnten wirklich interessieren.

So problemlos sich das Thema Haarfarbe auch mit Helene Fischer verbinden ließ, so ungewöhnlich wirkte die zweite Werbekampagne, für die sich Helene Fischer engagieren ließ: Die körperbewusste und sportliche Künstlerin zeigte sich in weiteren Werbespots nun ausgerechnet als jemand, der Fett liebte, um genau zu sein, Butter.

Allerdings dachte kaum jemand lange darüber nach, warum gerade Helene Fischer in einer Zeit des allgegenwärtigen Schlankheitswahns für Butter warb: Denn einmal mehr gab es ständig Neues über den fast schon omnipräsenten Star zu sehen, zu hören und zu lesen. Und einmal mehr zeigte sich dabei auch, dass sie es immer wieder schaffte, dass sich trotz ihrer Allgegenwart keine Langeweile einstellte. Nicht zuletzt aus dem Grund, weil sich Helene Fischer weiterhin stets neue Herausforderungen suchte.

Mittlerweile kannte man sie als Sängerin, als Moderatorin und auch als Frau, die sich gerne mal als fähige Artistin präsentierte. Ein Talent jedoch blieb meist außen vor: Die ausgebildete Schauspielerin war bislang bestenfalls im Rahmen einiger Sketche zu sehen gewesen.

Im Januar 2013 änderte sich allerdings auch das, und wieder bewies Helene Fischer, dass sie jedes neue Projekt nicht nur mit Spaß an der Sache, sondern vor allem auch mit der ihr eigenen Professionalität anging. Als die neueste Folge einer der beliebtesten Serien überhaupt im deutschen Fernsehen zu Jahresbeginn ausgestrahlt wurde, mag mancher bei der Ankündigung noch befürchtet haben, dass sich Helene Fischer mit ihrem Gastauftritt vielleicht selbst überschätzt hatte.

Doch wie stets, wenn sie etwas Neues wagte, absolvierte sie die Aufgabe mit Bravour und ohne jedes eventuell befürchtete Fremdschämen.

Das Schauspieldebüt fand in der ZDF-Serie *Das Traumschiff* statt, einer Fernsehserie, die seit ihrer Premiere im Jahr 1981 immer wieder neue Erfolge feiern konnte. Nicht weniger als 71 Episoden sind in den mittlerweile mehr als 30 Jahren entstanden – bis zu 25 Millionen Menschen sahen die einzelnen Folgen. Dieser Spitzenwert wurde zwar in einer Zeit erreicht, als man das Privatfernsehen noch kaum kannte, doch auch heute sind die jährlich zum Jahreswechsel ausgestrahlten *Traumschiff*-Episoden ein Zuschauermagnet.

Das war bei der Folge Nummer 69 mit dem Zusatztitel *Puerto Rico* nicht anders. Das neue Gesicht in dieser Episode war das der Reiseleiterin Franziska Stein – eine Rolle, die perfekt auf Helene Fischer zugeschnitten schien oder die sie dazu machte.

Reiseleiterin Franziska Stein vereinte eine Reihe unterschiedlicher Charaktereigenschaften. Sie wirkte anfangs etwas verhuscht, kam immer zu spät und fand sich deshalb sogar eine Nacht eingesperrt im Lagerraum wieder. Aufgrund ihrer Eigenheiten war sie zunächst bei der Crew gar nicht beliebt. Andererseits war Franziska Stein eine herzensgute Person, die sich durchzusetzen wusste – vor allem dann, wenn es darum ging, die Wünsche von Passagieren zu erfüllen. Helene Fischer strahlte in dieser Rolle eine Kombination aus Können, Leichtigkeit und einer glaubwürdigen Herzlichkeit aus.

Dass sie seither nicht öfter als Schauspielerin zu sehen war, lag sicher nicht an mangelnden Angeboten – denn zeitweise war sogar von einem Kinofilm mit ihr in der Hauptrolle die Rede. Der Grund dürfte ein ganz anderer sein: keine Zeit.

Konzerte, Aufnahmen neuer Titel, Veranstaltungen, Werbeauftritte oder eben ein Schauspielengagement füllten den Terminkalender bereits aus und spiegelten dennoch nur einen Teil ihrer Aktivitäten wider. Inzwischen arbeitete sie nicht mehr nur für ihre Karriere. Helene Fischer engagierte sich auch an anderer Stelle: Seit Ende 2012 ist sie ein »Schutzengel«. Diesen Titel tragen Personen, die sich für Roterkeil.net einsetzen und die Organisation unterstützen. Roterkeil.net ist ein Netzwerk, das sich dem Kampf gegen Kinderprostitution verschrieben hat. Gegründet wurde die Organisation im Jahr 1999, seitdem vereint sie einen wachsenden Kreis von Menschen, die sich gemeinsam gegen das Verbrechen des organisierten Kindesmissbrauchs wenden. Warum sich Helene Fischer gerade für dieses Netzwerk einsetzt, erklärte sie so: »Mir geht es gut und ich möchte mein Glück mit anderen Menschen teilen. Kinder haben ein Recht auf Glück und auf eine unbeschwerte Kindheit! Ich engagiere mich für Roterkeil.net, weil diesen Kindern ihr Recht auf grausame Weise genommen wurde«, fasste sie ihre Botschaft als Schutzengel des Hilfswerkes zusammen und beließ es nicht nur bei Worten. Nach einer verlorenen Wette bei *Wetten dass…?* ließ Helene Fischer ein privates Wohnzimmerkonzert mit ihr versteigern. Nicht weniger als 160 000 Euro wurden am Ende geboten und kamen Roterkeil.net zugute. Alleine steht Helene Fischer mit ihrem Engagement übrigens nicht: Weitere Schutzengel der Organisation sind die ehemalige Bundestagspräsidentin Rita Süssmuth, der nicaraguanische Politiker, Priester und Dichter Ernesto Cardenal und auch Comedian Atze Schröder.

Dieses soziale Engagement ist ehrenhaft und es ist wichtig. Trotzdem nahm die Öffentlichkeit es nur am Rande wahr, weil es eine vielleicht traurige, aber doch unumstößliche Tatsache ist, dass Menschen sich lieber unterhalten lassen, ihre eigenen Probleme für eine Weile vergessen möchten, als sich mit den schmerzlichen Problemen anderer zu beschäftigen. Also genoss man Helene Fischer lieber in der unterhaltsamen Form, die man von ihr kannte.

Moderiert hatte Helene Fischer inzwischen schon häufiger, sie führte sogar durch ihre eigene jährliche Fernsehshow. Doch dass sie nun auch eine der wichtigsten Sendungen des deutschen Showgeschäftes moderieren sollte, das war neu und eine weitere Stufe auf der nach oben unendlich scheinenden Erfolgsleiter.

Am 21. März 2013 führte sie durch die Gala zur 22. Echoverleihung der Deutschen Phono-Akademie. Diese Einladung zur Moderation stellte an sich schon eine Auszeichnung dar, darüber hinaus war die Künstlerin aber selbst ein weiteres Mal für den Preis nominiert. Im Gedächtnis geblieben ist die 22. Echoverleihung jedoch vor allem deshalb, weil diese Veranstaltung und damit auch Helene Fischer mit etwas in Berührung kamen, das bei der Nennung ihres Namens bislang völlig unbekannt war: ein Skandal.

Auch jetzt wurde Helene Fischer selbst nicht Gegenstand des Skandals, sie geriet allein durch ihre Beteiligung an der Veranstaltung damit in Berührung. Galt die Echo-Preisverleihung in all den Jahren zuvor als weitgehend harmlose Veranstaltung, geriet sie im Jahr 2013 dadurch in die Schlagzeilen, dass zu den Nominierten auch die aus Tirol stammende Band Frei.Wild zählte. Deren Markenzeichen ist Hard Rock mit deutschen Texten. Diese Texte jedoch wurden häufig so interpretiert, dass die Band rechtes Gedankengut verbreitete. Also hagelte es Proteste gegen die Nominierung, schon im Vorfeld der Gala sagten Bands wie Die Ärzte, Kraftclub oder MIA ihre Teilnahme an der Veranstaltung ab. Die nicht abreißende Diskussion um Frei.Wild führte schließlich dazu, dass die Nominierung der Tiroler zurückgezogen wurde.

Am Abend der Veranstaltung war von den Streitigkeiten aber kaum noch etwas zu spüren. Stattdessen führte Helene Fischer gewohnt fehlerfrei durch das Programm. Sie selbst gewann an diesem Tag zwei der begehrten Echos – einen als erfolgreichste Künstlerin aus dem Bereich Schlager und einen weiteren für die erfolgreichste DVD-Produktion.

Was im Grunde keine Überraschung darstellte – überraschend war eher, was die Sängerin beinahe nebenbei verkündete, nachdem Stargeiger David Garrett sie als Preisträgerin genannt hatte. Wie bei solchen Veranstaltungen üblich, sprachen die Preisträger einige Dankesworte. Helene Fischer dankte ihren Fans und auch ihren Plattenfirmen – denn sie hatte das Glück, gleich zwei Plattenfirmen zu haben.

Hinter dieser nur vermeintlich glücklichen Fügung verbarg sich allerdings ein großes Unglück. Bisher stand sie bei EMI unter Vertrag, einem Unternehmen, das lange Jahre als das größte Plattenlabel der Welt galt.

Doch EMI war ins Stolpern geraten, und zwar mächtig. So sehr, dass auch die unglaublichen Erfolge einer Helene Fischer und die damit verbundenen Einnahmen nicht mehr halfen. Vielmehr kriselte es hinter der Fassade des Traditionsunternehmens schon länger: Bereits im Jahr 2008 soll die Plattenfirma nach Recherchen des *Handelsblattes* tiefrote Zahlen geschrieben haben, das Minus habe bei nicht weniger als 412 Millionen britischen Pfund gelegen. Eine Summe, die knapp 500 Millionen beziehungsweise einer halben Milliarde Euro entsprach.

Danach ging es mit EMI finanziell immer weiter bergab, bis schließlich die Gläubigerbanken das Unternehmen übernahmen und später ein anderer Plattenriese ins Spiel kam: Universal Music, ein Label, das für internationale Top-Künstler wie Lady Gaga, Jennifer Lopez oder George Michael ebenso steht wie für die deutschen Erfolge von Unheilig oder Samy Deluxe. Dem Vernehmen nach soll Universal rund 1,9 Milliarden Euro für EMI beziehungsweise die Rechte an deren Portfolio gezahlt haben.

In der Folge wurde EMI nicht komplett eingestampft, sondern blieb in Form einiger Labels bestehen. Helene Fischer war damit zwar immer noch bei EMI, andererseits bereits bei Universal, wo sie bald schon völlig zu Hause sein sollte.

Ein kleines Glück:
Die doppelte Helene

Erfolgreiche Menschen werden bewundert, wie auch Helene Fischer längst erkennen durfte. Sie werden aber auch beneidet und mitunter sogar nachgeahmt, um mit deren Image Geld in die eigenen Taschen zu scheffeln – wie sie ebenfalls feststellen musste.

Schon früh waren, von der Öffentlichkeit weitgehend unbemerkt, einige selbst ernannte Helene-Fischer-Doubles auf den Erfolgszug aufgesprungen mit der Absicht, ein Stück vom Kuchen zu ergattern. Sie traten dort auf, wo Veranstalter die echte Helene längst nicht mehr bezahlen konnten – in Autohäusern, auf Volksfesten oder auch mal in Hotels.

Lange Zeit ließ das Management der echten Helene Fischer die Doubles gewähren, doch inzwischen hatte sich daraus ein regelrechtes Phänomen entwickelt, das man so nicht mehr tolerieren konnte.

Dass dieses Problem überhaupt existierte, das bekam die Öffentlichkeit nun ebenfalls im Jahr 2013 mit. Damals wurde bekannt, dass einem Gastwirtspaar im Sauerland eine Unterlassungserklärung ins Haus geflattert war. Wie die Zeitung

Die Welt berichtete, hatten die Wirte anfangs tatsächlich nach-gefragt, ob ein Gastspiel der echten Künstlerin möglich sei und was das kosten würde. Als Antwort seien ihnen Summen von 50 000 bis 70 000 Euro genannt worden, was man sich nicht leisten konnte.

Damit sei das Thema eigentlich erledigt gewesen – bis die Wirte im Internet auf eine Sängerin stießen, die sich als Helene-Fischer-Double anbot. Die habe man dann engagiert, und der Abend im Jahr 2011 sei beim Publikum bestens angekommen.

Das hörte sich zunächst nach einem einmaligen Fall an und schien nicht viel mehr als eine Provinzposse zu sein. Warum sich dann die Anwälte des Stars trotzdem in die Sache vertief-ten, dafür gab es einen guten Grund: Ganz abgesehen von dieser einen Veranstaltung existierten in Deutschland ähnliche Fälle, und nicht bei jeder dieser Veranstaltungen war beim ersten Blick auf die Veranstaltungsplakate zu erkennen, ob auf der Bühne die echte Helene Fischer stehen würde oder nur ein Double. Es ging also im Endeffekt darum, ob landauf, landab mit falschen Ankündigungen Geld durch die bloße Nennung des Namens Helene Fischer verdient werden durfte.

Tatsächlich war das Double parallel zum Erfolg des Originals inzwischen ebenfalls zu einem regelrechten Erfolgsmodell auf-gestiegen. Einen Namen machte sich auf diesem Gebiet spezi-ell die junge Anni Perka, die auch den Grund für das rechtliche Problem des Gastwirtspaars darstellte.

Perka galt lange Zeit als das bekannteste und erfolgreichste Helene-Fischer-Double. Zwar hat sie optisch wenig Ähnlichkeit mit dem Vorbild, doch sie konnte singen – mit einer Stimme, die Zuhörer zumindest an das Original erinnerte. Genau das war es, was da draußen im Land verlangt wurde: Man musste die Helene nicht unbedingt sehen, man wollte ihre Lieder hören, und zwar nicht nur von der CD. Für Anni Perka bedeutete das, dass sie zeitweise bis zu 200 solcher Auftritte im Jahr absolvierte, wie *Die Welt* schrieb.

Doch sie wartete nun nicht einfach darauf, dass Anwälte ihr irgendwann die Existenzgrundlage entziehen würden. Anni Parka verkündete von sich aus, dass sie bis zum Jahresende ihr Dasein als Fischer-Double beenden wolle, und sie hielt sich auch daran. Die zuvor im Helene-Stil blondierten Haare wurden wieder dunkler, und statt als Double angekündigt zu werden – oder werden zu müssen –, trat Anni Perka nun unter eigenem Namen auf. Plakate kündigten sie als »Schlagerprinzessin Anni Perka« an, die »mit den größten Hits von: Helene Fischer, Andrea Berg, Beatrice Egli u. v. m.« ihr Programm gestaltete.

Die Double-Problematik war mit Anni Perkas Abtritt jedoch nicht beendet, sondern das Gegenteil war der Fall. Bis heute ist das Internet voll von Angeboten, die durch das Engagement eines Doubles den Kunden einen Hauch von Helene Fischer versprechen.

Da gibt es beispielsweise eine junge Frau, die sich nur Victoria nennt oder von ihrem Management so genannt wird. Unter einer Netz-Adresse wird sie mit der etwas verwirrenden Überschrift »Victoria – Deutschlands meistgebuchtes Double und Helene-Fischer-Double« beworben. Bilder zeigen dazu eine junge Frau mit langen blonden Haaren, die tatsächlich an »die Echte« erinnert, und auch die verfügbaren Musikproben lassen deutlich an das Vorbild denken. Die ebenfalls eingeblendete Liste der anstehenden Termine zeigt einmal mehr, dass die Nachfrage groß ist.

Und daher gibt es neben dieser Victoria auch noch »Deutschlands offizielles Helene-Fischer-Double«, das gleichfalls seine Dienste anbietet. Mit ähnlichem Erfolg, wie auch hier eine pralle Liste von Terminen beweist.

Die Nachfrage nach zumindest einer Spur vom Glamour des Stars treibt mittlerweile seltsame Blüten: Denn nicht jedes

Helene-Fischer-Double ist weiblich. Zum festen Stamm der Imitatoren zählt nämlich auch Kevin Harnisch, ein Travestie-Künstler, der für sich selbst als einziges männliches Double wirbt.

Doch egal, ob männlich oder weiblich, die Doubles mussten ihr Repertoire bald schon erweitern – denn nun gab es wieder musikalisch Neues vom Original.

Mitten im Paradies: Die unbestrittene Nummer eins

Als das Jahr 2013 sich dem Ende zuneigte, hatte Helene Fischers Popularität eine Größenordnung erreicht, von der trotz aller Erfolge niemand zuvor auch nur hätte träumen können.

Wie groß die Bekanntheit und das Interesse an der Künstlerin mittlerweile waren, das zeigte eine Statistik, die im Zeitalter des Internets mehr als jede andere als Gradmesser für die Popularität eines Menschen gilt, und zwar die Google Trends. Dahinter verbirgt sich eine Auswertung des Suchmaschinen-Giganten Google Inc. aus Kalifornien, die zusammenfasst, wonach Menschen in aller Welt am meisten im Netz suchen. Diese Trends gibt es gleich für eine ganze Reihe von Themengebieten: Die meistgesuchten Automarken lassen sich ebenso herausfinden wie die am meisten nachgefragten Filme oder auch Themen wie Technik und Fußball.

Doch im Showbusiness ist eine Kategorie besonders interessant: Nämlich diejenige, die schlicht mit Personennamen überschrieben ist. Ohne nach Kategorien wie Schauspiel oder Musik zu unterscheiden, wird hier zusammengefasst, welchem Prominenten vor allem das Interesse gilt.

Natürlich finden sich auch in Deutschland die Namen internationaler Stars ganz weit oben. Auf dem fünften Platz etwa fand sich 2013 die amerikanische Schauspielerin und Sängerin Selena Gomez, die gerade in den USA mit ihrem *Stars Dance* den ersten Platz der Charts erreichte und auch in Deutschland Spitzenplätze in den Top Ten belegte. Noch häufiger gesucht wurde nach dem aktuell wohl weltweit beliebtesten Teenie-Idol Justin Bieber, der in den Trends den vierten Platz belegte. Vor ihm reihte sich mit Miley Cyrus, ein weiteres, wenn auch weibliches, Teenie-Idol ein.

Das Interesse an der Person auf dem zweiten Platz der Suchbegriff-Hitliste dagegen war einem traurigen Umstand geschuldet: Hier fand sich der Name von Hollywood-Star Paul Walker, der am 30. November 2013 bei einem grausamen Verkehrsunfall ums Leben kam.

Doch nach keiner Person wurde 2013 im deutschsprachigen Internet via Google öfter gesucht als nach Helene Fischer. Auch in der Unterrubrik der Musiker waren bei den Computer- und Smartphone-Nutzern vor allem Informationen über Helene Fischer begehrt, die hier ebenfalls die internationale Prominenz hinter sich hielt.

Gründe dafür gab es viele, ausschlaggebend waren mit Sicherheit jedoch diese drei Punkte: eine Tournee, ein Album und ein Versprecher, der Schlagzeilen machte. Aber der Reihe nach.

Den Auftakt in das wohl furioseste Jahr der Karriere bildete die große Tournee, die dieses Mal erneut nicht allein durch große Hallen, sondern während der Sommermonate auch durch offene Arenen und Freilichtbühnen führen sollte. Wie sehr sich die Nachfrage in den vergangenen Jahren gesteigert hatte, das sollte sich schnell zeigen. Zwar konnte Helene Fischer schon im Jahr 2011 Tausende Fans in die legendäre Waldbühne in

Berlin locken. Jetzt allerdings bestand nicht mehr die Frage, wie viele wohl kommen würden, sondern wie man die Massen unterbringen konnte. Die erste Folge des Ansturms war, dass die Sängerin nun sogar an zwei Terminen in der Waldbühne auftrat. Schon die erste Show im Juni wurde mit 20 000 Besuchern das bisher größte Konzert, das Helene Fischer jemals gegeben hatte. Ein Rekord, der jedoch nicht lange Bestand haben sollte. Übertroffen wurde er bereits eine Woche später: Am 15. Juni stand die Schalke-Arena in Gelsenkirchen auf dem Tour-Programm – ein Ereignis, das alles Bisherige sprengen sollte. Nicht weniger als 40 000 Zuschauer versammelten sich vor der Bühne.

Die Tournee machte endgültig klar, dass Helene Fischer mehr war als nur ein Star. Sie hatte einen Status erreicht wie kaum ein anderer deutschsprachiger Künstler je zuvor.

Wer diese Tatsache immer noch zu ignorieren versuchte, musste sich spätestens Anfang Oktober 2013 eingestehen, dass sich da etwas getan hatte, das man so noch nicht kannte. Zu diesem Zeitpunkt – zwei Jahre nach »Für einen Tag« – stand die Veröffentlichung des neuen Studioalbums bevor.

Doch das neue Album wurde nicht bloß in die Läden gestellt oder lag bei den Onlinehändlern zur Auslieferung bereit. Statt es einfach auf den Markt zu bringen, gestaltete man die Veröffentlichung als ein besonderes Ereignis. Selbst wer mit der Sängerin und ihrer Musik kaum etwas am Hut hatte, bemerkte dies. Zum Beispiel in den Filialen eines landesweit präsenten Elektronikkaufhauses: Wer dort in den Tagen vor dem Erscheinen des mit »Farbenspiel« betitelten Albums in den Musikabteilungen nach CDs anderer Künstler Ausschau hielt, wurde immer auch mit Helene Fischers neuem Werk konfrontiert. Denn an den viel frequentierten Stationen zum Probehören von CDs wurde unübersehbar auf »Farbenspiel« hingewiesen, blickten Passanten auf ein Helene-Fischer-Porträt und konnten auch die Titel des Albums schon einmal zur Probe hören.

Für die eigentliche Präsentation des Albums hatten sich die Macher ebenfalls etwas Außergewöhnliches einfallen lassen – vor allem etwas recht Aufwendiges. Dass eine Künstlerin ihre neuen Titel live vor Meinungsmachern und Pressevertretern singt, ist an sich nicht ungewöhnlich. Schließlich sollen gerade diese Menschen mit etwas Besonderem beglückt werden, damit sie einem Künstler und dessen jüngstem Produkt gewogen bleiben und natürlich auch positiv darüber berichten.

Doch als Helene Fischer ihr neues Album mit einem sogenannten Club Concert im Deutschen Theater in München einem ausgesuchten Publikum vorstellte, waren diese Gäste zwar vor Ort unter sich – trotzdem sollten sie nicht die Einzigen sein, die das Ereignis live verfolgen durften. Vielmehr wurde Helene Fischer an diesem Tag auch zu einem Kinostar, ohne überhaupt in einem Kinofilm mitgespielt zu haben.

Übertragen wurde das Club Concert aus München nämlich auch in 25 Kinosäle im ganzen Land. Dort sollten Fans ebenfalls das Konzert genießen können. Ein Plan, bei dem man zunächst nur hoffen konnte, dass es für ein derartiges Vorhaben auch eine entsprechende Nachfrage gab und Fans in ganz Deutschland in die Kinos strömen würden.

Doch es ging schließlich nicht um irgendwen, sondern um Helene Fischer. Kurz bevor das Konzert und damit auch die Liveübertragung aus dem Theater am 1. Oktober stattfinden sollte, veröffentlichte die Plattenfirma Universal eine Meldung: Wegen des großen Andrangs habe man die Übertragung in noch größere Kinosäle verlegen müssen.

Als das Album am 4. Oktober schließlich in den Handel kam, beschränkte man sich auch dabei nicht auf die Veröffentlichung einer bloß zigtausendfach kopierten CD. Vielmehr erschien »Farbenspiel« in sechs verschiedenen Ausführungen. Da war zunächst einmal das Standardwerk mit allen Titeln, das es sowohl als CD wie aber auch in der klassischen Schallplattenform auf Vinyl gab. Für diejenigen, die mehr von Helene Fischer wollten, bot man außerdem eine »Super Special Fan Edition« an. Sie enthielt neben dem eigentlichen Album auch eine Aufzeichnung des erfolgreichen Konzerts in der Berliner Waldbühne – je nach Wunsch auf DVD oder in einer zweiten Ausführung als Blu-ray.

Für Fans, denen feste Datenträger egal waren, gab es als weitere Ausführung die digitale »Special Version«, die neben allen Titeln auch drei Videos mit Live-Konzerten umfasste.

Doch das waren nur die Versionen für den gewöhnlichen Fan. Für die gusseisernen Anhänger hatte man noch eine weitere und ultimative Ausführung auf Lager: Das auf 3000 Exemplare limitierte Box Set. Darin enthalten waren neben der kompletten »Super Special Fan Edition« außerdem ein Helene-Fischer-Kalender für das Jahr 2014 sowie eine handsignierte Leinwand im Format 50 mal 50 Zentimeter mit einem Porträtfoto der Künstlerin.

Nicht zuletzt dieses Porträt zeigte, dass inzwischen weiter am Image von Helene Fischer gearbeitet worden war. Denn der Begriff »Farbenspiel« konnte auch für die Art der Fotografie stehen, die gemeinsam mit dem Album in die Öffentlichkeit gelangte. Besagtes Porträt zeigte Helene Fischer in Schwarzweiß, bis auf eine Ausnahme: Eine farbige Kollage aus an Federn erinnernden Elementen über ihrem linken Auge verlieh dem Foto eine außergewöhnliche Wirkung. Auch die anderen Fotografien unterschieden sich deutlich

von früheren Aufnahmen: Keines zeigte die Sängerin wie einst
in wallenden Roben oder mit großer Geste. Die Fotografien
waren nun zurückhaltender, erzielten dadurch fast einen inti-
men Effekt. Helene Fischer posierte mal schüchtern wirkend,
dann zeigte sie sich mit Federkrone und dunkel geschminkten
Augen. Allen Motiven gemein war eine mediterran wirkende,
helle und teils fast blasse Ausleuchtung.

Zu verdanken waren die stimmigen Aufnahmen der
Fotografin Sandra Ludewig, die mit ihrem Stil bereits das
Image von Lena Meyer-Landruth geprägt und auch Ina
Müller in ein neues Licht gerückt hatte.

Bei so viel Tamtam um das Image drohte der eigentlich
wichtigste Punkt bei einem neuen Album beinah in den
Hintergrund zu rücken – die Musik. Genau das allerdings
geschah nicht. Denn »Farbenspiel« bedeutete auch musikalisch einen weiteren großen Schritt nach vorn.

Ein Sprung allerdings nicht in dem Sinn, dass sich Helene
Fischer neu erfunden hätte. Dass es dazu kommen könnte und
das neue Album weitreichende musikalische Veränderungen
mit sich bringen würde, hatte tatsächlich im Vorfeld so mancher vermutet. Und zwar in der Hinsicht, dass das Team
der Sängerin sich aufgrund des anvisierten internationalen
Erfolges womöglich vom Schlager als Basis endgültig verabschiedet und sich auf andere Musikgenres konzentrieren
würde, die außerhalb des deutschsprachigen Raums höhere
Verkaufszahlen versprachen. Vielleicht wünschten sich dies
manche Kritiker sogar. Den langjährigen Fans dagegen be-
reiteten solche Aussichten eher unruhige Nächte. Sie liebten
Helene Fischer und ihre immer noch dem Schlager zuzuord-
nende Musik.

Beim ersten Hören der insgesamt 16 Titel des neuen
Albums konnten im Endeffekt alle Parteien beruhigt sein.

Immer noch war es eine überwiegend ausgefeilte, aber genetisch reine Schlagermusik. Die Titel zeigten jedoch auch, wie vielseitig Schlager sein kann – und wie weit sich der Begriff dehnen lässt.

Eines der besten Beispiele dafür ist sicher der Titel *Atemlos durch die Nacht*, den Kristina Bach dieses Mal nicht nur betextet, sondern vielmehr auch komplett komponiert hatte. Schon der Text entfernte sich weit von der oft kritisierten Heimeligkeit des deutschen Schlagers, beschreibt er doch im Wesentlichen nichts anderes als eine ausgedehnte Clubtour durch die Nacht. Musikalisch wiederum ging die eingängige und mitreißende Melodie mit ihrem unbestreitbaren Ohrwurmcharakter einen neuen Weg, indem sie den Schlager mit Disco-Rhythmen kombinierte und dem Ganzen so einen sehr modernen Anstrich verlieh.

Das offizielle Video unterstrich diesen neuen Ansatz noch. Es spielte in einer anonymen Metropole mit Wolkenkratzer-Skyline, darunter bewegte sich die Sängerin in einem fast schon sterilen Clubumfeld oder inmitten ihrer Tänzercrew. Dieses Video konnte sich mit internationalen Produktionen durchaus messen.

Hinter der Produktion von »Farbenspiel« verbarg sich immer noch das Team, das Helene Fischer seit ihren Anfängen begleitete und von Erfolg zu Erfolg führte. Produzent war einmal mehr Jean Frankfurter, und neben Kristina Bach beteiligten sich noch andere bewährte Texter an der Arbeit.

Dennoch wurde der Kreis der Beteiligten erweitert oder es übernahmen bekannte Namen aus dem Team neue und noch wichtigere Aufgaben. Der siebte Titel des Albums *Te Quiero* etwa ist das Werk eines Teams, das sich um Helene Fischers musikalischen Leiter Christoph Papendiek gebildet hatte.

Zusätzlich waren Menschen an der Produktion beteiligt, die eigentlich gar nicht mit dem Thema Schlager verbunden sind. Die Texte der Titel *In diesen Nächten* und *Unser Tag* beispielsweise steuerte Peter Plate bei. Der hatte gemeinsam mit der Sängerin AnNa R. das Duo Rosenstolz gebildet, das eine ganz eigene Popmusik mit deutschen Texten etabliert hatte, die einen durchaus hohen Anspruch verfolgte und sich weit abseits aller Schlager-Klischees etablierte. Was nicht zuletzt auch an den Texten lag. Nach der Gründung 1991 war Rosenstolz fast 20 Jahre lang erfolgreich, bis Plate bekannt gab, dass er an einem Burn-out-Syndrom litt und eine Pause machen wollte. Eine Reunion von Rosenstolz war danach nur von kurzer Dauer. 2012 gaben beide bekannt, dass sie eine weitere Pause auf unbestimmte Zeit einlegen wollten. Plate veröffentlichte daraufhin Anfang 2013 sein Soloalbum »Schüchtern ist mein Glück« – und beschäftigte sich mit anderen Projekten wie eben der Mitarbeit an »Farbenspiel«.

Zweiter ungewöhnlicher Zugang beim Team Helene Fischer war jener Mann, der sich in der Öffentlichkeit nur Der Graf nennt.

Der Graf ist Frontmann und Mittelpunkt des Musikprojekts Unheilig. Das hatte seine Wurzeln in einer Musikrichtung und in einer Szene, die kaum weiter entfernt vom Schlager sein könnte. 1999 gegründet, etablierte sich Unheilig zunächst im Gothic-Umfeld beziehungsweise in einem Bereich der Musik, der auch Neue Deutsche Härte genannt wurde. Die Band spielte sogar auf dem weltweit bekannten Heavy-Metal-Festival Wacken Open Air in Schleswig-Holstein.

Blieben die Erfolge des Projektes Unheilig über viele Jahre eher überschaubar, änderte sich das mit dem 2010 erschienenen Album »Große Freiheit« grundlegend. Die ausgekoppelte

Single *Geboren, um zu leben* verkaufte sich mehr als eine Million Mal und erreichte die Spitzenpositionen der Charts.

Seitdem war Unheilig und damit Der Graf für eine Musik und für Texte bekannt, die sich eine Spur der für die Gothic-Szene typischen Düsternis bewahrten, gleichzeitig aber massentauglich waren.

Kaum jemand hätte erwartet, dass ausgerechnet Der Graf nun ebenfalls etwas zu einem Helene-Fischer-Album beisteuern würde. Doch genau das tat er – und zwar einen kompletten Titel, den er komponierte und zu dem er auch den Text schrieb.

Ein kleines Glück findet sich als letzter Titel auf »Farbenspiel« und ist ein perfektes Beispiel für die gelungene Gratwanderung der Helene Fischer. Jede Note des Stückes lässt sich einwandfrei als typisch für das Repertoire von Unheilig identifizieren. Gleichzeitig beweist gerade *Ein kleines Glück*, wie unterschiedlich sich die Produktion und auch die Persönlichkeit des Vortragenden auf die Interpretation eines Stückes auswirken. Denn würde Der Graf den Titel interpretieren, würde vermutlich niemand darin ein Stück von einem Helene-Fischer-Album erkennen. Umgekehrt macht Helene Fischers Stimme in Verbindung mit der Erfahrung von Jean Frankfurter aus dem Titel etwas, das sich perfekt in die Songauswahl von »Farbenspiel« einreiht.

Wie erwartet wurde das neue Werk von Helene Fischer zu einem Erfolg. Sogar zu einem, der wieder alles andere in den Schatten stellte.

»Farbenspiel« kletterte in Deutschland ebenso wie in Österreich und der Schweiz auf den ersten Platz der Charts – und ließ sich von dort nicht so schnell wieder vertreiben. Auch im nicht deutschsprachigen Ausland feierte man erneut Erfolge: Platz vier in Dänemark, Platz acht in den Niederlanden, und in Belgien immerhin noch Rang 14 und damit eine Platzierung in den Top Twenty.

Bei den Singleauskopplungen sah es dagegen erst mal nicht so gut aus. Als erste Single erschien schon vor der Album-Veröffentlichung *Fehlerfrei* – mehr als Platz 20 in Deutschland oder Platz 41 in der Schweiz konnte jedoch nicht erreicht werden.

Das änderte sich allerdings grundlegend, als die zweite Single aus »Farbenspiel« erschien: *Atemlos durch die Nacht* schloss sich als Single nahtlos an die Erfolge des Albums an. Erstmals am 29. November 2013 veröffentlicht, stieg sie in Deutschland bis auf den dritten Platz der Singlecharts und konnte diese Position insgesamt zwei Wochen halten – selbst ein gutes halbes Jahr später, Ende Juni 2014, war sie immer noch in den Top Ten zu finden.

Noch erfolgreicher zeigte sich die Single in Österreich: Dort avancierte *Atemlos* zum Nummer-eins-Hit – und damit zu Helene Fischers erster Single, die diese Top-Platzierung erreichte.

Im Februar 2014 wurde *Atemlos* mit einer Goldenen Schallplatte geehrt – bis dahin hatte sich die Single mehr als 150 000 Mal verkauft und galt damit als eines der meistverkauften Stücke aus dem Genre des deutschen Schlagers seit dessen Glanzzeit im Jahr 1975. Nach fast 40 Jahren Pause machte Helene Fischer den Schlager nicht nur auf einem Album, sondern eben auch als Single wieder charttauglich.

Dass das Album selbst noch weit größere Erfolge feierte, das konnte jeder beobachten, der sich auch nur ein wenig mit den Platzierungen in den Charts beschäftigte. »Farbenspiel« erreichte den Goldstatus nur drei Tage nach Veröffentlichung und wurde schon bald rekordverdächtig. Vor Helene Fischer hatte kein Künstler in diesem Jahrtausend binnen einer Woche mehr Exemplare eines Albums verkauft.

Als für die Jahrescharts 2013 zusammengezählt wurde, lag »Farbenspiel« trotz der vergleichsweise späten Veröffentlichung im Oktober auch hier auf dem ersten Platz, es ließ Robbie Williams ebenso wie Andrea Berg oder Santiano hinter sich.

Auch im folgenden Jahr verteidigte Helene Fischers Album den Platz an der Spitze immer wieder, konnte sich gegen Bushido ebenso wie gegen Pharrell Williams verteidigen. Mehr als eine Million Exemplare wurde inzwischen verkauft.

Fehlerfrei:
Perfektion ist Ansichtssache

Fehlerfrei, die Single aus dem Album »Farbenspiel«, musste sich zwar in den Charts geschlagen geben. In den Köpfen der Menschen setzten sich der Titel und die damit verbundenen Assoziationen jedoch fest wie kaum ein zweiter Titel. Schließlich passte die Bezeichnung »fehlerfrei« vor allem für die Medien perfekt zu der Frau, der alles so scheinbar mühelos gelang. Und natürlich wurde das Wort nicht zuletzt aus dem Grund benutzt, weil man Helene Fischer so gerne ein paar Makel angehängt hätte, daran aber immer wieder scheiterte.

Dabei gab es durchaus Momente in der Karriere von Helene Fischer, die nicht frei von Fehlern waren. Fast schon legendär etwa ist der Versprecher während der Bambi-Verleihung am 14. November 2013. Das war nicht irgendeine Veranstaltung, sondern ein ganz besonderer Abend, an dem einer der wichtigsten und auch traditionsreichsten Medienpreise Deutschlands vergeben wurde. Schließlich wurde der Preis bereits im Jahr 1948 ins Leben gerufen und damit nun also schon zum 65. Mal verliehen. Während der live im Ersten Fernsehprogramm übertragenen Gala bekamen Stars wie Robbie Williams, Miley Cyrus oder David Garrett Preise für ihre Leistungen. Auch Helene Fischer – in der Kategorie Musik – sowie die zweite große deutsche Schlagersängerin Andrea Berg – Sonderpreis der Jury – wurden mit einem Bambi ausgezeichnet.

Alles in allem fiel im Rahmen dieser Show wohl Dutzende Male der Begriff Bambi. Nicht zuletzt aus dem Mund von Helene Fischer, die diesen Abend bis kurz vor Schluss gewohnt fehlerfrei und routiniert moderierte. Doch dann, als im Grunde schon alles vorbei war, sagte sie einen Satz, der als einziger noch Monate später aus der Sendung im Gedächtnis haften blieb: »Das war der Echo 2013.« Zwar klatschte das Publikum weiter, als wäre nichts gewesen. Doch dass Helene Fischer als Moderatorin die Bambi-Gala mit der Verleihung des Musikpreises Echo verwechselte, war so gar nicht fehlerfrei und hatte gleich eine ganze Reihe von Schlagzeilen zur Folge.

Darüber wurde immer noch gesprochen, als fast ein halbes Jahr später ein weiteres Fernsehereignis auf dem Programm stand, das auf den ersten Blick wirkte, als hätte jemand die Zeitmaschine angeworfen und den 14. November 2013 noch einmal über die Bildschirme flimmern lassen: Am 27. März 2014 wurde erneut eine Preisverleihung im deutschen Fernsehen übertragen, wieder stand Helene Fischer auf der Bühne, führte gekonnt durch das Programm und zählte auch selbst zu den Preisträgern. Dieses Mal jedoch handelte es sich nicht um den Medienpreis Bambi, sondern tatsächlich um den Musikpreis Echo. Für die Sängerin wurde der Abend zu einem Triumph: Einerseits gewann sie fast schon selbstverständlich in der Kategorie Schlager, nun aber erhielt sie auch den Echo in der eigentlichen Königsdisziplin – und zwar für das genreübergreifend beste Album.

Ohnehin stand die Gala ganz im Zeichen von Helene Fischer. Sie eröffnete den Abend als Showact mit ihrem Hit *Atemlos durch die Nacht* und zeigte sich später als Duettpartnerin von James Blunt bei dessen Titel *Heart to heart*.

Auf den eigentlichen Helene-Fischer-Moment musste man aber auch an diesem Abend bis zur letzten Minute warten. Als die Sendung zu Ende ging, verabschiedete sich die Moderatorin mit den Worten »Das war der Bambi« – und musste von einigen der sogenannten Leitmedien einmal mehr Hohn und Spott über sich ergehen lassen. Spiegel Online etwa begann einen Bericht über die Preisverleihung mit eben diesem Moment und fragte etwas ratlos, ob es sich dabei um einen Witz gehandelt habe, die Äußerung ironisch gewesen sei oder ob die Moderatorin und Preisträgerin eventuell noch »benebelt« von den Preisen gewesen sei, die sie an diesem Abend abgeräumt hatte.

Diese Fragen erübrigten sich im Grunde. Denn das Schlusswort von Helene Fischer bewies nichts anderes, als dass auch sie nicht fehlerfrei war, aber durchaus zu begangenen Fehlern stand und damit auch umzugehen wusste. Dass ihr ein zweites Mal ein Fauxpas wie bei der Bambi-Verleihung unterlief, das konnte zweifelsfrei ausgeschlossen werden. Doch während manch anderer einen derart peinlichen Moment wohl unter den Tisch kehren und den Mantel des Schweigens darüber legen würde, tat Helene Fischer das Gegenteil: Sie nahm sich und ihren Fehler selbst mit Humor, indem sie quasi die Bambi-Verabschiedung nun im Rahmen des Echo nachholte.

Neben diesen nicht vollkommen fehlerfreien Momenten gibt es im Leben der Helene Fischer auch manch andere Augenblicke, die nicht ganz so perfekt sind. Das betrifft gerade die auf den ersten Blick makellose Erfolgsbilanz. Rückblickend erscheint es so, als sei alles, was an musikalischen Werken auf den Markt gebracht wurde, auch ausgezeichnet und mit Gold oder Platin überhäuft worden. Was der Wahrheit entspricht – allerdings mit einer Ausnahme. Wenn heute immer wieder von einer möglichen internationalen Karriere der Künstlerin die Rede ist, dann muss auch erwähnt werden, dass dieses Ziel schon mal in der Vergangenheit angestrebt wurde.

Fast vergessen ist neben den vielen Erfolgsproduktionen nämlich ein Album, das es nicht zu Platinehren brachte: Es erschien im Jahr 2010, als Helene Fischer schon deutliche Erfolge feierte, unterschied sich von ihrem üblichen Schaffen jedoch durch etwas, was der Titel schon ausdrückte: »The English Ones«, das war ein Versuch, einige der erfolgreichen Schlagertitel mit englischen Texten herauszubringen. Das Album wurde auch veröffentlicht, stieß jedoch nicht auf eine so starke Resonanz, wie man es von den deutschsprachigen Alben gewohnt war. Daher könnte man aus heutiger Sicht auch fast von dem »verlorenen« Album der Helene Fischer sprechen, da »The English Ones« so gut wie nie erwähnt wird.

Das war es aber auch schon bezüglich weniger glücklicher Fügungen oder Entscheidungen im Reich der Helene Fischer. Wer weitere Patzer finden will, muss lange suchen – und stößt höchstens auf Begebenheiten, die zeigen, wie locker eine Helene Fischer mit den nicht ganz so ebenen Momenten des Lebens umgeht.

Das gilt auch für jenes Konzert, das am 5. Oktober 2012 in Frankfurt am Main stattfand. Während einer Musikpause reichte ein kleines Kind der Sängerin einen Strauß Blumen über den Bühnenrand. Helene Fischer kniete sich hin, bedankte sich bei dem Kind und suchte anschließend nach einer Möglichkeit, wo sie die Blumen deponieren konnte, da die Show weitergehen musste. Augenblicklich trat ein Bühnenmitarbeiter aus dem Hintergrund und nahm ihr die Blumen ab. Woraufhin Helene Fischer ihm die Ansage mit auf den Weg gab: »In den Eimer!« Was die Fans natürlich zu der irrigen Annahme bringen konnte, dass damit der Mülleimer gemeint gewesen war. Die Sängerin allerdings klärte umgehend auf, indem sie dem Mitarbeiter noch hinterherrief: »Mit Wasser!« – was jeden Gedanken an eine eventuelle Entsorgung des Straußes zunichtemachte.

KAPITEL 4

Flieger

Das volle Programm:
Gewissenlose Vorwürfe

Bis zu diesem Punkt war die Karriere Helene Fischers nahezu reibungslos verlaufen, auch weil sie selber keinerlei Anlass für kritische Auseinandersetzungen mit ihrer Person gab. Die Fans lieben sie für ihre Musik, aber auch dafür, dass sie immer und überall ein nettes Wort für ihre Anhänger übrig hat.

Am 15. Juli 2014 empfing Helene Fischer die heimkehrende Fußballnationalmannschaft in Berlin und sang für die damals frisch gekürten Weltmeister ihren bis heute größten Hit *Atemlos* – und zwar in einer eigens umgeschriebenen Version, in der die ursprünglichen Worte »Spür, was Liebe mit uns macht« durch »Spür, was Fußball mit uns macht« ersetzt worden waren. Dieser umjubelte Auftritt vor dem Brandenburger Tor ging in die Geschichte der deutschen Unterhaltung ein und ist bis heute unvergessen. Für Helene selber war dieser Moment sicher ein Highlight ihrer bisherigen Karriere, und sie hatte daher keinerlei Grund, in irgendeiner Form missgestimmt zu sein. Doch das Kurzgastspiel in Berlin sollte für den Star nicht der einzige Tagesordnungspunkt sein, vielmehr hatte sie noch einen zweiten Auftritt zu absolvieren: Am

Abend stand sie bei der Schlagernacht im österreichischen Mörbisch mit weiteren Größen wie Semino Rossi und Nik P. auf der Bühne. Im Jahr 2015 meldete sich ein Fan plötzlich und gab an, Helene Fischer soll ihn an diesem Abend beleidigt zu haben und klagte sie deswegen sogar an.

Allerdings stellte sich heraus, dass der Kläger, der 63-jährige Rentner Heimo Ertel, nicht ganz unumstritten ist. Vor allem in seiner österreichischen Heimat versuchten Medien nun, mehr über ihn herauszufinden, und das Ergebnis ihrer Recherchen stellte Eitel, zurückhaltend gesagt, nicht gerade im besten Licht dar. Wie man bald nachlesen konnte, war der Rentner in seinem Heimatdorf durchaus eine bekannte Größe, ihm eilte ein denkbar schlechter Ruf voraus. Eitel sei im ganzen Ort als »Alkoholiker, Messie und Schmarotzer« bekannt. Außerdem gebe er zwar vor, Mitglied in einem Behindertenverein zu sein – nur zahle er dort keinen Beitrag. Heimo Eitel ließen diese Vorwürfe zunächst einmal kalt, er bezog sogar alsbald auch noch die Fans von Helene Fischer in seine Vorwürfe ein. Die hätten es nämlich nun auf ihn abgesehen. So berichteten Nachrichtenportale, Eitel sei in Bad Sauerbrunn tätlich angegriffen worden. Er habe sich auf dem Weg vom Bahnhof nach Hause befunden, als er in einer dunklen Gasse attackiert wurde. An den Angreifer selbst konnte sich das Opfer allerdings nicht wirklich erinnern, sondern nur noch an dessen schwarze Handschuhe. Ein Stein habe ihn am Kopf getroffen, was zu einer Platzwunde sowie einer Gehirnerschütterung geführt habe. Eitel habe nach dem Angriff am Boden gelegen, sei dann in ein Krankenhaus gebracht worden. Später erstattete er Anzeige gegen unbekannt. Doch obwohl er den Angreifer nicht gesehen hatte, glaubte Eitel genau zu wissen, wo dieser zu suchen sei.

Mit diesem an den Haaren herbeigezogenen Vorwurf erreichte der ohnehin schon recht bizarre Streit einen weiteren Höhepunkt, beendet war die Sache jedoch immer noch nicht. Vielmehr waren sich die Gerichte nicht wirklich einig, wie sie mit dem Fall umgehen sollten. Im Juli 2015 meldete die österreichische Tageszeitung *Kurier* etwa, das anfänglich mit dem Fall befasste Bezirksgericht Mattersburg hätte sich als nicht zuständig erklärt. Gegen diese Erklärung wiederum wolle Heimo Eitel mit einer sogenannten Rekursentscheidung vorgehen, über die ein anderes Bezirksgericht zu entscheiden hätte. Sein Anwalt habe erklärt, Eitel könne auch bei Nicht-Zuständigkeit des Bezirksgerichtes seine Ansprüche geltend machen – was jedoch in Deutschland zu verfolgen wäre. Im Dezember 2015 schließlich hieß es, der Kläger habe nicht nur das falsche Gericht bemüht, sondern sich außerdem auf einen falschen Paragrafen berufen. Eitel ging dagegen vor, bekam allerdings bald vom Landesgericht Eisenstadt als nächster Instanz eine Absage. Wie es hieß, war für dieses Gericht ebenfalls der herangezogene Paragraf nicht anwendbar. Sollte Eitel gegen diese Entscheidung in Revision gehen wollen, müsse nun der Oberste Gerichtshof klären, »ob der Tatbestand nach diesem Gesetz überhaupt klagbar ist«. Der Streit war letztlich ein perfektes Beispiel für den Spruch »Viel Lärm um nichts«. Der Rentner hatte zwar öffentlich verkündet, er wolle den Fall zur Not bis vor den Europäischen Gerichtshof bringen, am Ende verlief die Sache jedoch im Sande. Von Heimo Eitel hat man seit 2015 nichts mehr gehört.

Der seltsame Fall des Rentners sollte nicht der einzige Moment des Jahres 2015 bleiben, in dem der Name der Sängerin im Mittelpunkt eines eher bizarren Streits stand. Obwohl Helene Fischer zu dieser Zeit die Charts anführte und ihre Musik allgegenwärtig war, mochte mancher Radiosender sie nicht im Programm haben. »Helene Fischer ist für den NDR nicht markttauglich«, hieß etwa im April 2015 die Überschrift eines Artikels im *Hamburger Abendblatt*. Ähnlich lautete eine Schlagzeile der *Schweriner Volkszeitung*: »Helene Fischer? Nicht im NDR«. Jeder, der damals diese Zeilen las, schüttelte vermutlich unwillkürlich den Kopf, denn das Etikett »nicht markttauglich« war wohl das Letzte, was man mit der Sängerin in Verbindung brachte. Auslöser der seltsamen Nachrichten waren die Bemühungen einer Bürgerinitiative »Für mehr deutsche Musik im Radio und für die Bewahrung unserer Muttersprache«, die sich dafür einsetzte, dass der Norddeutsche Rundfunk mehr beziehungsweise überhaupt Schlager spielt. In der Kritik stand nicht der gesamte NDR, es ging vielmehr um den Sender NDR 1 Radio MV und damit um das Programm für Mecklenburg-Vorpommern, in dem weder Helene Fischer noch andere Schlagerstars vorkamen. Dieser Sachverhalt nun landete durch die Bemühungen der Bürgerinitiative vor dem Petitionsausschuss des Schweriner Landtags. Dort verteidigte der NDR in Person der Landes-funkhaus-Direktorin Elke Haferburg seine Position und bekräftigte die Absicht, weiterhin keine Schlager in da Programm aufzunehmen. Dabei betonte Haferburg, es sei im Landesprogramm durchaus deutschsprachige Musik zu hö-ren. Nur eben keine Schlager, sondern Musik von Künstlern wie Klaus Lage, Karat, Udo Lindenberg, den Puhdys oder Adel Tawil. Insgesamt sei die Musikauswahl laut Haferburg das Ergebnis »wissenschaftlich fundierter Medien- und Marktforschung«. Das Ziel solcher Forschungen bestehe dar-in, so viele Hörer wie möglich zufriedenzustellen. Der deutsche Schlager allerdings berge die Gefahr, dass vor allem Jüngere abschalten und den Sender wechseln würden. Die Direktorin musste aber einräumen, dass die größte Hörergruppe von

NDR 1 Radio MV in der Altersgruppe 60 plus zu finden sei und damit eben unter den typischen Schlagerfans. Auf der anderen Seite aber sei dieser Umstand eben ein Hinweis darauf, dass diese Menschen durchaus mit der Musikauswahl leben könnten. Hört sich zunächst einmal nachvollziehbar an. Der Vorsitzende der Bürgerinitiative jedoch widersprach dieser Aussage. Man höre den Sender nicht, weil einem die Musik gefalle, vielmehr gebe es keine Ausweichmöglichkeit – kein anderes Radioprogramm in der Region böte den Hörern nämlich umfangreiche Informationen etwa in Form von Nachrichten. Es gebe daher gar keine Alternative zu dem Sender.

Schon lang nicht mehr getanzt: Wie die Zeit vergeht

Natürlich gab es rund um Helene Fischer im Jahr 2015 nicht nur Negativschlagzeilen. Ganz im Gegenteil: Ein Jubiläum stand an. Nicht wenige Fans hatten inzwischen schon wieder vergessen, wie die Erfolgsgeschichte eigentlich begonnen hatte: mit dem Titel *Komm mit nach Varasdin* aus der Operette *Gräfin Mariza* von Emmerich Kálmán. Zehn Jahre war es am 14. Mai 2015 her, seit Helene Fischer neben einem gewissen Florian Silbereisen erstmals auf den deutschen Fernsehbildschirmen erschien und beide gemeinsam genau dieses Lied sangen. Ein YouTube-Nutzer lud anlässlich dieses Bühnenjubiläums ein Video hoch, das die bisherige Karriere der Sängerin zusammenfasste – Titel: »10 Jahre Helene Fischer – Alles Gute zum 10. Bühnenjubiläum«. Das Video beginnt mit Ausschnitten aus dem bereits erwähnten gemeinsamen Auftritt von Helene Fischer und Florian

Silbereisen. Danach folgen Ausschnitte aus einem Interview mit der 21-jährigen Sängerin, die davon spricht, dass nun bald ihr erstes Album »Von hier bis unendlich« veröffentlich werde, sowie von Helenes erstem Auftritt im Fernsehen beim *Winterfest der Volksmusik* zu Beginn des Jahres 2006, bei dem sie ihre erste eigene Single vorstellte. Allein diese beiden Ausschnitte machten deutlich, wie viel Zeit seitdem vergangen war. Bei dem Interview zeigte sich Helene Fischer noch mit ihrer natürlichen, deutlich dunkleren Haarfarbe. Die Bühne betrat sie als unbekannte Neuentdeckung, und selbst manch eingefleischter Fan wird sich heute vielleicht fragen, was für eine erste Single das denn war, die sie damals im Fernsehen performte. Die Auflösung lautet: *Feuer am Horizont.* Weiter geht es in dem Video mit Sternstunden wie der Verleihung der ersten Goldenen CD, der ersten Goldenen Henne und dann natürlich den Ausschnitten aus den immer größeren, immer aufwendigeren und vor allem immer erfolgreicheren Tourneen. Dieser Karriererückblick von Fanseite stieß im Internet durchaus auf Interesse – bis heute wurde das Video mehr als 260 000 Mal aufgerufen. Bis es zu einer »offiziellen« Würdigung im Fernsehen kam, sollten allerdings noch einige Monate ins Land gehen. Erst im Rahmen der am ersten Weihnachtsfeiertag im ZDF ausgestrahlten *Helene Fischer Show 2015* erinnerte sich die Sängerin selbst an die Anfänge ihrer mittlerweile eine Dekade andauernden Karriere. Ihr Rückblick setzte jedoch nicht erst mit dem ersten Fernsehauftritt, sondern deutlich früher ein. Helene Fischer begann mit den Worten, sie habe ein kleines Jubiläum zu feiern: ihr zehnjähriges Bühnenjubiläum. In dieser Zeit sei sehr viel passiert, vor allem habe sie selbst sich deutlich verändert. Genau aus diesem Grund wolle sie sich nun gemeinsam mit dem Publikum auf eine »kleine

Zeitreise« begeben. Diese Zeitreise begann dann weit vor den ersten wirklichen Karriereschritten, es wurde ein Foto eingeblendet, das Helene im Alter von etwa zehn Jahren zeigte. Mit einer Sonnenbrille stand sie vor einem Fernsehgerät, auf dessen Bildschirm gerade die Quizshow *Die Pyramide* lief, die zwischen 1979 und 1994 vom ZDF ausgestrahlt wurde, moderiert von dem inzwischen verstorbenen Dieter Thomas Heck. Fischer erklärte dazu, sie sei schon früh ein Fan von Mini-Playback-Shows gewesen. Auch während dieser Show habe sie wohl jemanden imitiert, sie wisse jedoch nicht mehr, wen. Das nächste Bild aus ihrem Leben hätte unterschiedlicher kaum sein können, es zeigte die Künstlerin als junge Erwachsene mit Make-up im Gothic-Stil. Das war allerdings kein modischer Ausrutscher, sondern die Aufmachung für ihre erste Musicalrolle, die sie noch während ihrer Ausbildung übernommen hatte – in der *Rocky Horror Picture Show*. Auch das nächste Bild unterstrich die Wandlungsfähigkeit des Stars. Denn nun posierte sie, erneut gänzlich verändert, mit Kopftuch und Schürze im Stil einer Bäuerin – und zwar wieder im Rahmen einer frühen Musicalrolle. Es habe sich, so Fischer, um ihre erste – in Anführungszeichen – »große« Rolle gehandelt. In Anführungszeichen deshalb, weil sie während ihrer Auftritte als zweitjüngste Tochter des Milchmanns Tevje in dem Musical *Anatevka* ganze drei Sätze zu sprechen hatte. Die Hauptrolle des Tevje spielte damals übrigens Tony Marshall, der seit dem Jahr 1971 untrennbar mit seinem Hit *Schöne Maid* verbunden ist. Nachdem dieses Bild ausgeblendet wurde, erschien ein Porträt Helenes, das im Publikum zu lautem Raunen führte, da es sich erneut deutlich von ihrem aktuellen Erscheinungsbild unterschied. Stand sie nämlich aktuell mit halblangen und sehr blonden Haaren vor dem Publikum, hatte die Helene auf dem Foto wieder die natürlichen dunkleren Haare, und sie war vor allem auch anders geschminkt, unter anderem mit deutlich betonter Augenpartie. Sie erklärte dazu, dass sie sich zum Zeitpunkt der Aufnahme selbst geschminkt habe. Das aber sei nicht der Grund, weshalb sie ausgerechnet dieses Bild zeige. Vielmehr markiere die Aufnahme den eigentlichen Beginn ihrer Karriere, genau dieses Foto nämlich habe ihre Mutter mit einer Demo-CD verschickt – unter anderem an ihren späteren Manager. Sie sei heute sehr froh, dass dieses Bild den Manager nicht davon abgehalten habe, sich näher mit ihr und vor allem ihrem Können zu beschäftigen. Entlockte dieses Foto dem Publikum ein Raunen, so brach beim nächsten Wechsel des Hintergrundmotivs lauter Jubel aus: Überlebensgroß erschien nämlich ein Motiv, das Helene Fischer gemeinsam mit Florian Silbereisen zeigte, während beide erstmals *Komm mit nach Varasdin* sangen, dem eigentlichen Anlass des Bühnenjubiläums. Helene Fischer betonte in dem Zusammenhang, zu diesem Zeitpunkt seien beide noch nicht ineinander verliebt gewesen, auch habe Silbereisen zu jener Zeit noch ihre Frisuren getragen – was natürlich eine Anspielung auf die damals oft verspotteten Haarschnitte des Sängers und Moderators war. Sie sei aber froh, dass sich inzwischen beide Tatsachen geändert hätten.

Weiter ging es mit dem Rückblick auf Helenes erste eigene Tournee mit Band und einer, wie sie sagte, Mini-Bühne. Es sei im Grunde unfassbar, erklärte sie, wie klein alles anfangs noch war und wie groß es inzwischen geworden sei. Dafür sei sie unendlich dankbar. Sie sei vor allem den vielen Fans dankbar, die immer noch und immer wieder zu Tausenden in die Konzerte strömten. Es folgten weitere Momentaufnahmen der unglaublichen Karriere, darunter Verweise darauf, dass man Helene Fischer seit dem Jahr

2011 auch im Wachsfigurenkabinett von Madame Tussauds bewundern kann oder dass sie im Jahr 2012 die ersten Schritte in Richtung professionelle Schauspielerei machte (in diesem Jahr übernahm Helene Fischer bekanntlich im ZDF-*Traumschiff* die Rolle der Reiseleiterin Franziska Stein). Danach kamen noch kurze Rückblicke auf jüngere Tourneen, und das war es dann im Grunde schon mit der moderierten Rückschau, die insgesamt nur fünf Minuten dauerte. Sie wurde allerdings ergänzt von einem zehnminütigen Potpourri der größten Hits, das in einer eher getragenen Neuinterpretation jenes Titels mündete, der inzwischen wie kein anderer für den Erfolg von Helene Fischer steht: *Atemlos*. Insgesamt demonstrierte die kleine Rückblende deutlich, wie viel sich in den vergangenen zehn Jahren in der Musikkarriere von Helene Fischer getan hatte.

Und auch mit Helenes Schauspielkarriere ging es nach der ersten großen TV-Rolle an Bord des *Traumschiffs* im Jahr 2012 steil bergauf. Ebenfalls im Jahr des Bühnenjubiläums wurde bekannt, dass Helene Fischer eine Rolle in der dritten Folge des NDR-*Tatorts* aus Hamburg mit Til Schweiger übernehmen werde. Bereits seit dem 19. September 2014 werde in der Hansestadt und im Umland eine Doppelfolge gedreht, Fischer selbst sei an fünf Drehtagen dabei und spiele die Rolle einer russischen Auftragskillerin namens Leyla. Wie sich bei der Ausstrahlung zeigte, war diese Rolle meilenweit von Helene Fischers sonstigem Image entfernt: Die Killerin hatte schwarze Haare, ihr Outfit war an Videospiel-Ikone Lara Croft angelehnt. Diese deutliche Abgrenzung zu ihrem sonstigen Erscheinungsbild war durchaus gewollt, wie Fischer selbst in einem Interview betonte. Die Rolle der Leyla sei extrem weit entfernt von der Bühnenfigur – und es habe sie eben gereizt, endlich einmal wieder zu schauspielern. Das habe sie seit ihrer Ausbildung nämlich viel zu selten gemacht. Das auffällige Erscheinungsbild der Figur Leyla sei nach und nach im Team entwickelt worden. Alle hätten eigene Ideen eingebracht, und so sei letztlich die Figur der braunhaarigen Killerin im Lara-Croft-Outfit entstanden. Helene verriet weiter, dass sie für ihre Rolle den Umgang mit einer Waffe erst erlernen musste. Kurz vor Drehbeginn habe sie am Schießstand der Hamburger Polizei trainieren dürfen, später dann habe Til Schweiger darauf geachtet, dass sie mit der Waffe »keinen Quatsch mache«.

Insgesamt dauerten die Dreharbeiten vom 19. September bis zum 1. Dezember 2014. Gedreht wurde in Hamburg unter anderem am Hamburger Hafen, an der Elbphilharmonie und auf der Köhlbrandbrücke. Die offizielle Premiere vor ausgewähltem Publikum fand in der Hansestadt am 18. November 2015 statt. Ausgestrahlt werden sollte der *Tatort* eigentlich vier Tage später, am 22. November, im Ersten Programm. Wegen der Terroranschläge in Paris am 13. November des Jahres wurde der Termin jedoch verschoben, und die Zuschauer konnten die *Tatort*-Folge »Der große Schmerz« erst am 1. Januar 2016 sehen.

Was folgte, waren unzählige Diskussionen darüber, wie gut beziehungsweise überzeugend Helene Fischers Schauspielkünste ausgefallen waren. Die Urteile darüber fielen sehr gegensätzlich aus, was sicherlich nicht zuletzt am überraschend deutlichen Imagewechsel von der »Sauberfrau« des Schlagers hin zur in jeder Hinsicht dunklen Figur der Leyla lag. Nicht wenigen Zuschauern war dieser Wechsel dann doch zu extrem. Die Diskussion über den *Tatort*-Auftritt fand, wie inzwischen üblich, vor allem via Internet und dort wiederum hauptsächlich in den Kanälen der sozialen Netzwerke statt, wo es neben sachlicher Kritik immer wieder auch eine Spur Häme gab. So hieß es auf Twitter etwa: »Fake. Das ist nicht Helene Fischer. Helene Fischer ist blond. Und seilt sich immer von der Decke ab« – was natürlich einen Seitenhieb auf Liveshows beinhaltete, bei denen sich die Sängerin ja tatsächlich häufig von den Hallendecken abseilt. Weitere Twitter-Kommentare bezogen sich auf das filmische Ableben der Figur Leyla, die im *Tatort* erschossen wurde. Dazu hieß es etwa: »In die Lunge geschossen werden. Ne bessere Platzierung von ›Atemlos‹ fiel Helene leider nicht ein.« Oder unter dem Hashtag #tatortleiche: »helene ist ihren atem los.«

Häufig bezog sich die Kritik jedoch gar nicht auf die Schauspielkunst an sich, sondern auf die zu jener Zeit tatsächlich extreme Präsenz der Sängerin in den Medien. Kaum ein Promi-Magazin kam damals ohne eine Helene-Fischer-Meldung aus, in den Radios lief *Atemlos* quasi ohne Atempause, und im Fernsehen hatte man gerade erst, eine Woche vor dem *Tatort*, die alljährliche abendfüllende *Helene Fischer Show* sehen können. Das war selbst manch eingefleischtem Fan dann doch zu viel. Sogar auf Helenes offizieller Facebook-Seite gab es deshalb kritische Stimmen zu lesen. Da wurde etwa beklagt, es gebe »Viel zu viel Fischer im Fernsehen. Schade. Kann man nicht mehr sehen, obwohl sie eine tolle Sängerin ist.« Oder: »Helene Fischer ist eine mega Sängerin, aber eine Schauspielerin, gerade in dieser Rolle – geht gar nicht. Sorry.«

Überraschend war jedoch letztlich gar nicht die Kritik – so etwas ist grundsätzlich zu erwarten, wenn sich ein Show- beziehungsweise Musikstar ins Gefilde der ernsthaften Schauspielerei wagt. Überraschend war vielmehr, dass das Ganze nicht so viele Zuschauer vor die Bildschirme lockte, wie vielleicht erwartet worden war. Denn wenn man einen Star wie Helene Fischer in den *Tatort* holt, will man damit natürlich

Aufmerksamkeit erzeugen und letztlich die Einschaltquoten steigern. Nur war das bei der *Tatort*-Folge »Der große Schmerz« nicht der Fall – woran selbst der Umstand nichts änderte, dass die Figur der Leyla Worte wie »Ficken« in den Mund nahm. Im Hinblick auf die Einschaltquote konnte dieser *Tatort* nicht vollkommen überzeugen: 8,24 Millionen Zuschauer hatten den dritten Fall von Nick Tschiller eingeschaltet – fast zwei Millionen weniger als beim bis dahin letzten Hamburger *Tatort* im März 2014. Zum Vergleich: Der in Münster spielende *Tatort* mit Axel Prahl und Jan Josef Liefers alias Kommissar Thiel und Prof. Boerne hatte am 8. November 2015 mit der Folge »Schwanensee« 13,69 Millionen Zuschauer erreicht. Was allerdings auch noch meilenweit von der Quote des meistgesehenen *Tatorts* aller Zeiten entfernt war: »Stoevers Fall« mit Manfred Krug und Charles Brauer, den im Jahr 1992 15,86 Millionen Zuschauer sahen.

Wir zwei: Freiraum für Florian

Mit dem Jahreswechsel 2015/2016 war es für Helene Fischer an der Zeit, Bilanz zu ziehen und sich zu überlegen, wie es denn nun weitergehen solle. Was sich bis zu diesem Zeitpunkt getan hatte, das fasste ein Rückblick in der ZDF-Sendung *Menschen 2015* zusammen, in dem die Fakten komprimiert vorgetragen wurden. Bis zu diesem Zeitpunkt hatte Helene rund zehn Millionen Tonträger verkauft (allein das Album »Farbenspiel« war zehnfach mit Platin ausgezeichnet worden), und bei der Echo-Verleihung des Jahres hatte die Künstlerin gleich in vier Kategorien gewinnen können. Doch nicht nur die auf Tonträgern konservierte Stimme

Helene Fischers war konkurrenzlos erfolgreich, immer mehr Menschen strömten zu den Liveshows, die sich inzwischen weit von einfachen Gesangsdarbietungen entfernt hatten und am besten wohl als außerordentliche Showereignisse beschreiben lassen. Nicht weniger als 800 000 Menschen waren zu der bislang größten Stadiontournee geströmt – kein anderer Künstler hatte zuvor in und um Deutschland solche Massen anziehen können. Mehr noch: Der Dauerbrenner *Atemlos* hatte sich inzwischen 37 Wochen lang in den Top Ten der deutschen Charts halten können. Helene Fischer sei das Ausnahmetalent des deutschen Showgeschäfts, lautete das Fazit dieser Zusammenfassung. Und weil das Konzept der Sendung darin besteht, nicht nur über, sondern mit Menschen zu sprechen, war die Erfolgssängerin auch persönlich anwesend, um sich den Fragen von Moderator Markus Lanz zu stellen. Dessen erste Frage bezog sich auf die aktuelle persönliche Situation des Publikumslieblings: wann die Sängerin vor dem Hintergrund des Erfolges und des Ruhms denn noch Gelegenheit fände, einfach nur sie selbst zu sein. Die erklärte daraufhin, dass genau das tatsächlich sehr schwer sei. Sie erinnerte sich in diesem Zusammenhang an einen Moment, in dem sie sich in einem Flugzeug einfach nur noch ausruhen wollte, dann jedoch – als sie bereits eingenickt war – von einem Fan angesprochen wurde, ob man nicht kurz noch ein Foto mit ihr machen und ein Autogramm bekommen könne. Sie fände so etwas einerseits immer noch schön, es könne aber zeitweise doch anstrengend werden. Was wiederum zu der Frage führte, wie sie es bei all dem immer noch schaffe, allem Anschein nach auf dem Boden der Realität zu bleiben. Helene Fischers Antwort: Sie habe um sich eben ein sehr bodenständiges Team, was sich natürlich auf sie auswirke. Betrete sie eine Bühne, dann lege sie quasi einen Schalter um und sei dann auch sehr gerne eine Rampensau. Nach den Auftritten aber sei sie eben ein ganz normaler Mensch so wie jeder andere. Genau dabei sei es hilfreich, dass sie in ihrem Umfeld Menschen habe, die ihr nicht ständig sagten, wie großartig sie doch sei. Doch dies war nur eine Einleitung zu der Frage, die den Großteil der Zuschauer sicher am meisten interessierte: Er habe gelesen, so Lanz, dass Helene nach den außerordentlichen Erfolgen und der extremen öffentlichen Präsenz der letzten Monate beziehungsweise Jahre für 2016 eine Auszeit plane. Helene antwortete darauf, dass sie 2016 weiterarbeiten werde, schränkte das jedoch kurz darauf ein wenig ein. Tatsächlich nämlich plane sie für das kommende Jahr keine neue Tournee, es werde auch keine offiziellen großen Auftritte geben. Sie wolle aber zumindest versuchen, an einem neuen Album zu arbeiten, das dann hoffentlich im folgenden Jahr fertig werde. Daraufhin kehrte das Gespräch noch einmal zurück zu der aktuellen Situation und zu der Frage, was Helene vor dem Hintergrund des Erfolges persönlich am meisten vermisse. Die Antwort lautete ebenso schlicht wie naheliegend: Schlaf. Helene gestand, dass sie unter einem Schlafdefizit gelitten habe, wodurch ihr Energie fehlte, die sie gerade zu jener Zeit im Überfluss benötigt hätte.

Zusammengefasst drückte dieses Interview aus, dass es vorerst etwas weniger Helene Fischer in der Öffentlichkeit geben würde. Gerade zu jener Zeit hatte Helenes Fischer Partner Florian Silbereisen eigene und vor allem neue Pläne, die er in dieser Zeit in die Tat umsetzte.

Was Silbereisen vorhatte, das sollte, je nach bevorzugter Schreibweise, bald als Klubbb3 beziehungsweise KLUBBB3 bekannt werden: eine Schlagerband, die sich aus dem Niederländer Jan Smit, dem Belgier Christoff De Bolle und eben Florian Silbereisen zusammensetzte. Schlager war hier wörtlich gemeint, die drei wollten sich voll und ganz dem traditionellen Schlager verschreiben, ohne Kompromisse an moderne Hörgewohnheiten einzugehen. Angekündigt wurde die Existenz von Klubbb3 zwar erst im Herbst des Jahres 2015, doch dahinter verbarg sich eine lange Vorgeschichte. So erklärte Jan Smit einmal, er und Florian hätten sich bereits 1998 oder 1999 kennengelernt.

Damals sei er als Kinderstar in Deutschland aufgetreten, beide seien zudem gemeinsam auf Tournee mit Marianne und Michael gewesen. Außerdem sei man sich im Rahmen von Schlager-TV-Shows immer wieder begegnet. Christoff De Bolle und Silbereisen dagegen trafen erst später aufeinander, nämlich im Sommer 2009. Beide seien sich sofort sympathisch gewesen, woraufhin De Bolle den Deutschen nach Belgien zu seinen Jubiläumsshows mit dem Titel *Christoff und Freunde* einlud – wo Jan Smit ebenfalls als Gast anwesend war. Dort sei dann zum ersten Mal der Gedanke aufgekommen, dass man doch vielleicht einmal etwas zu dritt machen könne. Bei besagter Show sangen die drei zum ersten Mal gemeinsam den Titel *Drei Stimmen für ein Halleluja*, der sich später auf ihrem Debütalbum wiederfand. Bei dieser Premiere wurde ihnen bewusst, wie viel Spaß sie gemeinsam auf der Bühne hatten und dass sie mehr zusammen machen wollten. Im Gegenzug lud daraufhin Florian Silbereisen die beiden neuen Freunde in seine Jubiläumsshow ein, um dort das Lied noch einmal zu singen. Das alles aber lag inzwischen bereits mehrere Jahre zurück, denn obwohl ihnen schon damals klar war, wie gut sie als Trio funktionierten, wurde die Kooperation zunächst wieder auf Eis gelegt, weil es nie den einen Moment gab, an dem alle wirklich mal Zeit hatten. Erst im Sommer 2015 habe man wieder miteinander telefoniert und gemerkt, dass keiner der drei Ende August, Anfang

September etwas vorhatte. Woraufhin man ein Studio buchte und sich an die Arbeit machte. Dabei entstand schließlich ein komplettes Album mit zwölf Tracks, das unter dem Titel »Vorsicht unzensiert!« am 8. Januar 2016 als Debüt von Klubbb3 erschien. Laut Florian Silbereisen hört sich der Titel nicht nur an wie ein Warnhinweis, er ist tatsächlich auch einer. »Weil wir das machen, was sich heute niemand mehr traut: Wir machen 100 Prozent Schlager. Ohne Kompromisse, ohne musikalische oder textliche Eingeständnisse an irgendwelche Kritiker«, erklärte er dazu in einem Interview. »Bei uns darf es noch die Sonne geben, die dann im Meer versinkt. Bei uns muss sich Schmerz auf Herz reimen.« Andere Schlagersänger wollten inzwischen eher Popmusik mit intellektuellen Texten machen, Klubbb3 jedoch mache das genaue Gegenteil – man wolle mit dem Publikum Spaß haben. Das bedeute jedoch nicht, dass man den Schlager wieder zurück in die Siebzigerjahre katapultiere, die Boygroup mache schon Musik auf dem Niveau der Jetztzeit. Aber man wolle, so Silbereisen, eben, dass die Leute mitsingen. Und zwar schon beim ersten Hören eines neuen Titels. Daher wiederhole man manche Worte nicht nur vier oder fünf, sondern gerne mehr als eine Dutzend Mal in einem Text. »Damit auch der Letzte hinten im Saal mitsingen, mitfeiern und mit uns Spaß haben kann.« Letztlich gehe es einfach darum, gemeinsam mit dem Publikum Schlagerpartys zu feiern, und zu solchen Partys gehöre eben lautes Mitsingen ebenso wie das Mitklatschen oder eine Polonaise. Für die drei sei es daher nicht abwertend, wenn etwa auf dem Oktoberfest in München Betrunkene ihre Lieder mitgrölten – das gehöre vielmehr dazu, und es sei sogar schön. Dabei ließen es sich die drei Musiker aber nicht nehmen, in den Texten augenzwinkernde Botschaften zu verstecken, die nur von wirklichen Kennern des Genres erkannt wurden. Im Titel *Schlager ist geil* kommen zum Beispiel Zeilen vor wie »wenn ein Stern am Himmel steht und er deinen Namen trägt« oder »wenn es klingt nach Barbados, werd ich immer atemlos« – was natürlich Anspielungen auf erfolgreiche Schlager wie *Ein Stern* von DJ Ötzi oder *Atemlos* von Helene Fischer sind. Das Bandprojekt war für die drei langjährigen Solokünstler eine völlig neue Erfahrung, da sich jeder auf seine jeweiligen Mitmusiker einstellen musste. Dass ihnen allen genau das reichlich Spaß gemacht hat, war dem Ergebnis durchaus anzumerken und wurde vom Publikum honoriert: »Vorsicht unzensiert!« stieg bis auf Platz vier der deutschen, Platz 33 der niederländischen und Platz sechs der flämischen Album-Charts.

Bereits am 15. Dezember 2015, also noch vor dem Erscheinen des Albums, kam die daraus ausgekoppelte erste Single »Du schaffst das schon« auf den Markt, allerdings nur in einer Version für die Radiosender. Die öffentlich verfügbare Single gab es dann erst am 8. Januar, zunächst als Download. Eine physische Version der Single folgte einen guten Monat später am 12. Februar sowohl in Deutschland als auch in der Schweiz und in Österreich. Ein durchschlagender Erfolg in den offiziellen Charts gelang Klubbb3 mit dem Titel allerdings nicht – in Deutschland reichte es nur für Platz 66, in Österreich schaffte man immerhin Platz 48. Doch in den Zeiten des Internets sind diese Chartplatzierungen ohnehin nur noch ein kleiner Teil des Erfolges. Die wirklichen Erfolge werden an anderer Stelle erzielt, etwa mit den auf der Plattform YouTube veröffentlichten Videos. Auch zu *Du schaffst das schon* wurde ein Musikvideo produziert, das im Grunde nur die drei Interpreten bei der Fahrt mit einem historischen VW-Bus vom Münchener Flughafen nach St. Anton am Arlberg in Österreich zeigt. Dieses Video erwies sich als durchschlagender Erfolg, zählt inzwischen mehr als 24 Millionen Aufrufe. Zu beachten ist dabei, dass es sich um die erste Single einer vollkommen neuen Schlagergruppe handelte – selbst das offizielle Video zu Helene Fischers Megahit *Atemlos* kommt bis heute »nur« auf gut 40 Millionen Aufrufe. Zum Vergleich: Das im März 2016 veröffentlichte offizielle Video zu dem Titel *Diese Nacht ist jede Sünde wert* von Andrea Berg verharrt bei etwa zehn Millionen Aufrufen.

Der Erfolg ihres Debüts sollte nur der Anfang der Erfolgsgeschichte von Klubbb3 sein. Ende 2016 kündigte die Band ihre erste große Tournee für das Jahr 2017 an, außerdem erschien mit »Jetzt geht's richtig los!« am 13. Januar 2017 bereits das zweite Album, das es nun auch an die Spitzen der offiziellen Charts schaffte. In Deutschland erreichte es den ersten Platz und stieg in Belgien ebenso wie in Österreich und der Schweiz bis auf Rang zwei. Paradoxerweise konnte sich jedoch die zweite Single »Jetzt erst recht!« nicht im gleichen Maße durchsetzen, für das YouTube-Video etwa reichte es zu kaum mehr als sechs Millionen Aufrufen, gerade einmal einem Viertel der Debütsingle. Die folgende dritte Single »Märchenprinzen« halbierte diesen Wert trotz der Unterstützung von Gloria von Thurn und Taxis noch einmal, wurde nur 3,4 Millionen Mal aufgerufen. Doch das konnte den Gesamterfolg des Projektes Klubbb3 nicht schmälern – das dritte Album »Wir werden immer mehr!« wiederholte 2018 den Erfolg des Vorgängers.

Helene Fischer wiederum hielt sich im Jahr 2016 tatsächlich an das, was sie am Ende des Vorjahres angekündigt hatte: Sie trat etwas kürzer. Was jedoch nicht hieß, dass sie vollkommen aus der öffentlichen Wahrnehmung verschwand. Nur war sie eben nicht mit einem neuen Album oder einer weiteren Tournee präsent. Zu sehen war sie zunächst vor allem im Rahmen von Preisverleihungen, bei denen ihr bisheriges Schaffen geehrt wurde. Es begann damit, dass sie im Februar 2016 ihre zweite Goldene Kamera gewann, und zwar in der Kategorie »Beliebtester Deutscher Music-Act«. Entschieden hatten darüber die Leser verschiedener Tageszeitungen und Programmzeitschriften, die über ihre Lieblinge abstimmen konnten. Zur Wahl standen dabei nicht weniger als 20 Interpreten und Musikgruppen, darunter etwa Herbert Grönemeyer, Revolverheld, Santiano, Sido, Cro oder auch Andreas Bourani – doch sie alle mussten sich Helene Fischer geschlagen geben. Am 7. April dann konnte sie während der Verleihung des Musikpreises Echo ihren Erfolg aus dem Vorjahr wiederholen und gewann wieder vier Preise. Darunter waren nun erstmals die Kategorien »Live-Act national« und »Crossover«. Weiter ging der Preisregen des Jahres 2016 im Oktober: Sie erhielt ihre nun schon siebte Goldene Henne in der Kategorie »Musik« und war damit einsame Rekordhalterin dieses Preises des Mitteldeutschen Rundfunks MDR.

Doch vollkommen untätig sollte Helene Fischer musikalisch im Jahr 2016 nicht bleiben, wie sich spätestens im letzten Monat des Jahres zeigte. Am 22. Dezember nämlich kam der Disney-Film *Vaiana – Das Paradies hat einen Haken* in die deutschen Kinos, dessen Soundtrack bereits am 16. Dezember veröffentlicht wurde. Zu diesem gehörte im Original der Titel *How Far I'll Go*, dessen deutsche Version *Ich bin bereit* eben von Helene Fischer aufgenommen worden war. Und dann war da noch die Sache mit dem Weihnachtsalbum. Bereits zum Abschluss ihres Erfolgsjahres 2015 hatte sie ihr Album »Weihnachten« veröffentlicht. Dieses offiziell siebte Studioalbum erschien erst am 13. November und hatte damit nur sehr wenig Zeit, die Jahrescharts zu erobern. Trotzdem gelang genau das in einem Maße, das die Konkurrenz – falls man von einer solchen überhaupt noch sprechen konnte – regelrecht schockierte. »Weihnachten« erreichte umgehend die Chartspitze und wurde zum beliebtesten Album des Jahres. Bis zum Januar 2017 zählte man eine Million Verkäufe, inzwischen findet sich das Album unter den Top 100 der seit 1975 meistverkauften deutschsprachigen Tonträger. Hinter diesem Erfolg verbirgt sich ein längerer Anlauf und viel Aufwand. Aufgenommen wurden die Titel nämlich über einen Zeitraum von rund zwei Jahren zwischen 2013 und 2015. Zudem entstand das Album in enger Kooperation mit Produzent Alex Christensen, der zuvor bereits mit Künstlern wie Tom Jones oder Sarah Brightman gearbeitet hatte und selber in den Neunzigerjahren mit seinem Musikprojekt U 96 Charterfolge feiern konnte. Die Aufnahmen für »Weihnachten« fanden zudem in Zusammenarbeit mit dem britischen Royal Philharmonic Orchestra in den Londoner Abbey Road Studios statt, die nicht zuletzt durch die Beatles weltberühmt geworden sind. Veröffentlicht wurde »Weihnachten« in verschiedenen Versionen, die 35 bis mehr als 40 Titel und teilweise auch eine DVD mit Filmmaterial enthielten. Zudem sind als musikalische Gäste Stars wie Xavier Naidoo, Ricky Martin und Plácido Domingo vertreten, auch wurden via Computer »Duette« mit den verstorbenen Sängern Frank Sinatra und Bing Crosby aufgenommen. Die erste Version von »Weihnachten« wurde, wie gesagt, im Jahr 2015 veröffentlicht, Ende 2016 jedoch erschien eine überarbeitete und ergänzte Version des Albums mit acht weiteren Titeln. Diese Neuveröffentlichung schaffte es erneut auf Platz eins der Charts und belegte in der Jahresendabrechnung den vierten Platz.

Wir brechen das Schweigen:
Zurück auf Anfang

Über Helene Fischers große Erfolge ist in den Medien im Überfluss berichtet worden. Doch selbst im Sabbatjahr 2016 herrschte in Bezug auf die Anfänge dieser beispiellosen Karriere vielfach noch Unklarheit, denn bis auf die bloßen Fakten wie Albenveröffentlichungen oder Auftritts- und Tourtermine hatten weder Helene noch ihr unmittelbares Umfeld bisher wirklich umfassend über die Karriereanfänge gesprochen. Man kannte einige kurze Interviewschnipsel, ein paar Videos – das war es dann aber im Grunde schon. Doch dann gelangten unerwartet umfangreiche Interviews aus jener Zeit an die Öffentlichkeit, in denen es um die Arbeit an ihrem ersten Album ging und auch darum, was für ein Mensch Helene Fischer zu dieser Zeit war. Die größte Überraschung ist, dass nur wenige Menschen diese Zeitzeugnisse überhaupt registrierten. Denn während inzwischen im Netz eigentlich alles, in dem es nur entfernt um den Star ging, millionenfach angeklickt wurde, zählen diese Interviews auf YouTube selbst zwei Jahre nach der Veröffentlichung am 31. Dezember 2016 kaum 2000 Aufrufe. Dabei geben Produzent Jean Frankfurter, Florian Silbereisen und natürlich Helene selbst durchaus hörenswerte Einblicke in die Zeit der Anfänge einer sensationellen Karriere. Jean Frankfurter etwa berichtet, wie begeistert er war, als er die in diesem Buch bereits behandelte Demo-CD in die Hände bekam. Er erinnert sich daran, dass Helene auf der CD Titel wie *The Power of Love* von Jennifer Rush geradezu »sensationell« interpretiert habe. Auch eine Reihe von Musicaltiteln waren vertreten, zusammenfassend sei all das recht genial gewesen. Das war für ihn nicht zuletzt aus dem Grund besonders interessant, da man ja immer auf der Suche nach großen, jungen Talenten sei, von denen jedoch nicht so viele auf der Straße lägen. Frankfurter habe die Newcomerin daraufhin sofort zu einem Meeting eingeladen, um sich mit ihr darüber zu unterhalten, wie beide Musik sehen und wie eine gemeinsame musikalische Zukunft eventuell aussehen könne. Er habe bei diesem Treffen bald das Gefühl gehabt, man habe einen gemeinsamen Nenner gefunden. Dann allerdings sei die Sache an dem wohl schwierigsten Punkt im Verhältnis zwischen Produzent und Künstler angelangt: Man habe nämlich nun tatsächlich zwei Titel aufgenommen und versucht, dabei eine Strategie zu entwickeln. Das sei jedoch sehr schwierig, wenn sich die beiden beteiligten Personen kaum oder im Grunde noch gar nicht kennen würden. Er als Produzent etwa wisse in einem solchen Moment noch gar nicht, welche Höhen die Stimme der Sängerin erreichen, wie emotional sie die Texte transportieren kann. Am Ende jedoch hätten beide ein gutes Gefühl gehabt und beschlossen, auf diese Art und Weise weiterzumachen. Daraufhin wurde an einer ersten CD gearbeitet, auf der Titel unterschiedlichster Schattierungen enthalten sein sollten. Dabei sei man musikalisch bis an die Grenze des Pop-Bereiches gegangen, habe sich aber immer noch auf dem Gebiet des Schlagers bewegt. Was dann zu der entscheidenden Frage führte: Jean Frankfurter wollte von Helene damals wissen, ob sie wirklich bereit sei, zum Schlager zu stehen. Denn Frankfurter besaß genügend Erfahrung, um zu wissen, dass ein Künstler immer ein Schlagersänger sein würde, wenn er einmal Schlager gesungen hatte – dieses Image werde man niemals mehr los. »Die Schublade geht zu, und du bist Schlager«, so der Produzent. Als Helene Fischer meinte, das sei für sie okay, habe man mit der eigentlichen Arbeit begonnen.

Jean Frankfurter bemerkte in diesem Zusammenhang aber auch, dass es gerade für Künstler im Genre Schlager zu jener Zeit, also um das Jahr 2006, schwerer als zuvor war, ein großes Publikum zu finden. In früheren Jahrzehnten sei eine solche Karriere deutlich leichter zu starten gewesen. Damals nämlich gab es unter anderem noch die *Hitparade* mit Dieter Thomas Heck im ZDF, die einer Karriere einen großen Anschub geben konnte. Inzwischen jedoch hätten die Fernsehsender derartige Sendungen weitgehend aus den Programmen genommen, es gäbe vielleicht gerade noch zwei oder drei solcher Sendungen. Bekomme ein Künstler in denen keinen Platz, dann habe er im Grunde bereits verloren. Nehme sich eine Plattenfirma eines Schlagerkünstlers an, dann müsse sie heutzutage zwei- oder dreimal so viel Arbeit in diesen investieren, um überhaupt noch erfolgreich sein zu können. Er selber jedoch glaube, dass Helene das Zeug zum Erfolg habe, sie verfüge über alles, was ein Künstler brauche: Sie sei sehr jung, sehe sehr gut aus und sie habe vor allem eine großartige Stimme. Außerdem verfüge sie über die Power und den Willen, etwas zu erreichen. Mit ein wenig Glück könne sie es tatsächlich schaffen. Niemand konnte zu jenem Zeitpunkt auch nur ahnen, wie richtig Jean Frankfurter mit seiner Vermutung lag. Doch der war mit seinen bewundernden Ausführungen noch nicht am Ende. Vielmehr ging es während des Interviews nun dezidiert um Helenes Stimme. Sein Schützling verfüge über eine sehr emotionale Stimme, besitze zudem einen sehr großen Stimmumfang. Das sei nicht zuletzt wichtig, wenn es um das Schreiben neuer Titel gehe, dann müsse man bei ihr nicht auf stimmliche Einschränkungen Rücksicht nehmen, sondern könne mit den Tönen sehr weit nach unten oder oben gehen. Hinzu käme noch der Umstand, dass Helene Fischer von Natur aus äußerst musikalisch sei und immer sehr gut vorbereitet ins

Studio komme. Zudem verfüge sie über sehr viel »Eigenes«, das sie von Konkurrentinnen unterscheide, was ebenfalls sehr wichtig für einen gewünschten Erfolg sei. An dieser Stelle kam das Gespräch auf mögliche Konkurrentinnen – Thema war dabei vor allem Michelle, die zu jener Zeit noch die ungekrönte Königin des deutschen Schlagers war. Frankfurter erklärte, man könne Helene und Michelle eigentlich gar nicht vergleichen. Nicht zuletzt sei Helenes Stimme nämlich deutlich voluminöser, zudem sei ihre Musikalität eben ausgesprochen faszinierend. An diesem Punkt erreichte das Interview einen weiteren wichtigen Themenkomplex: die Titel, die auf dem Debütalbum enthalten sein würden. Helene Fischer habe dem Produzenten im Vorfeld von ihrer Vorliebe für irische Musik berichtet, er habe sich daraufhin bemüht, in die Kompositionen immer kleine irische Elemente einzubauen. Jedenfalls so weit dies möglich war – denn natürlich könne man Schlagermusik nicht durchgehend in irische Folkmusik verwandeln. Immerhin aber habe man es geschafft, diese irischen Anklänge in verschiedensten Titeln immer wieder auftauchen zu lassen. Man habe insgesamt seiner Meinung nach auf diese Weise bereits eine recht gute musikalische Richtung gefunden – die sich aber in Zukunft natürlich noch weiterentwickeln müsse. Und auch damit sollte Frankfurter recht behalten, denn wer sich heute die Studioalben von Helene Fischer chronologisch anhört, wird von Album zu Album eine Entwicklung feststellen können.

Noch deutlicher wird durch diese Sammlung früher Interviewausschnitte aber die persönliche Entwicklung, die die Sängerin seit ihren Anfängen durchgemacht hat. Die damals 21-jährige Helene zeichnete sich durch eine sympathische Unerfahrenheit im Umgang mit Medien aus. Zu sehen ist eine junge Frau, die auf dem Weg ist, die Träume ihrer Kindheit und Jugend zu verwirklichen. Sie habe schon immer Sängerin sein wollen, sagt sie zu Beginn. Ein Album aufzunehmen, die damit verbundenen Fotoshootings zu absolvieren – das sei einfach ein Mädchentraum, der nun wahr geworden sei. Das deutet darauf hin, dass die Interviews zeitnah zu der Veröffentlichung des ersten Albums »Von hier bis unendlich« am 3. Februar 2006 stattfanden. Helene berichtet von der Zusammenarbeit mit dem Fotografen, der sie für das Cover ablichtete. Diese Zusammenarbeit sei genau so gewesen, wie sie es sich immer vorgestellt habe. Während der Aufnahmen sei Musik gelaufen, zu der sie dann begonnen habe zu posen. Das allein schon sei eine »ganz tolle Erfahrung« für sie gewesen. Natürlich geht es bei einem Interview mit einem Newcomer immer auch darum, etwas über den Menschen zu erfahren, der da ins Rampenlicht tritt. Und so wurde Helene nach ihren familiären Hintergründen gefragt. Sie erzählte damals erstmals öffentlich, dass sie im sibirischen Krasnojarsk geboren wurde, dort aber nur die ersten vier Jahre ihres Lebens verbracht habe, bevor die Familie im Jahr 1988 nach Deutschland auswanderte. Seitdem würde sie mit ihren Eltern in Wöllstein wohnen. Die russische Sprache habe sie inzwischen vollkommen verlernt, unter anderem weil sie gerade im Teenageralter nichts mehr davon habe wissen wollen. Sie sei jedoch gerade dabei, ihre Muttersprache wieder zu erlernen. Daheim würde sich die Familie in einer Mischung aus Deutsch und Russisch unterhalten, sie selber habe bisher immer auf Deutsch geantwortet, was ein Fehler gewesen sei, wie sie inzwischen erkannt habe. Auch die Entwicklung von Helenes Beziehung zur Musik kam in dem Interview zur Sprache. Insgesamt sei Musik für sie pures Glück. Wenn sie singe, könne sie sich ihren Emotionen vollkommen hingeben, die Gefühle würden dabei regelrecht aus ihr heraussprudeln.

Doch es gab für sie nicht nur die Musik, auch die Schauspielerei habe schon früh eine große Rolle gespielt. Auf jeder Familienfeier habe sie als Kind versucht, im Mittelpunkt zu stehen, habe nach einer imaginären Kamera gerufen, in die sie schauen könnte. Auch habe sie während dieser frühen Auftritte im Familienkreis immer wieder die Kleidung gewechselt, um sich durchweg von ihrer besten Seite zeigen zu können. Später dann habe sie jahrelang Tanzunterricht genommen. Zu der Liebe zum Singen und Schauspielern sei also noch die Liebe zum Tanzen gekommen. Nichts lag also näher als der Wunsch, alle drei Bereiche zu verbinden, was sie zunächst im Rahmen einer Musical-AG an ihrer Realschule tat, woraufhin der Wunsch entstanden sei, eine Ausbildung als Musicaldarstellerin zu machen. Während dieser Ausbildung sei es dann zu den bereits erwähnten ersten Engagements gekommen. Sie habe in Darmstadt an der *Rocky Horror Picture Show* mitgewirkt und darüber hinaus in der Schlagerrevue *Fifty Fifty* mitgespielt. In diesem Interview betonte sie, schon während des *Fifty Fifty*-Engagements die Liebe zum Schlager und zur deutschsprachigen Musik im Allgemeinen entdeckt zu haben. Noch einmal kam die Geschichte der Demo-CD zur Sprache, von der es ja bis heute heißt, die Mutter hätte sie ohne das Wissen der Tochter verschickt. Helene erklärte 2006 jedoch, sie habe schon von der CD gewusst. Die Mutter und ein Freund der Familie hätten es jedoch in die Hand genommen, diese Aufnahmen an die einschlägigen Adressen zu versenden, und zu diesen Adressen habe auch die ihres späteren Managers Uwe Kanthak gezählt. Dass sie dadurch nun Schlager statt englischsprachiger Popmusik singe, sei auch für ihre Freunde kein Problem, betonte Helene. Schließlich habe sie schon als Kind Lieder des einstigen Schlager-Kinderstars Heintje gesungen. Mittlerweile habe die neue Schlagerliebe schon auf ihre gesamte Familie übergegriffen. Zu Hause liefen nun Radiosender mit Schlagerprogrammen, die man früher nie eingeschaltet hatte. Für sie sei es daher eine ausgesprochen große Ehre, mit Jean Frankfurter arbeiten zu können, der habe schließlich schon Titel für Stars wie Michelle oder Patrick Lindner geschrieben. Und es sei etwas ganz Besonderes, dass dieser erfahrene und erfolgreiche Mann nun zwölf neue Titel nur für sie komponiert habe. Als erste Titel überhaupt hätten beide *Feuer am Horizont* und *Auf der Reise ins Licht* aufgenommen. Schon dabei habe Frankfurter ihre stimmlichen Stärken ausmachen können und dieses Wissen beim Komponieren der weiteren Titel berücksichtigt. Was dann schließlich zu dem 14. Mai 2015 führte, der als erster Fernsehauftritt der Newcomerin und baldigen Überfliegerin in die Geschichte des deutschen Schlagers eingehen sollte. Damals sei sie völlig naiv und unbeschwert an die Sache herangegangen. Aufgeregt aber sei sie trotzdem gewesen. Spannend fand sie vor allem, was hinter den Kulissen passierte, auch die Begegnung mit einem bekannten Star wie Florian Silbereisen sei aufregend gewesen. Insgesamt erinnere sie sich vor allem an die überaus freundliche Atmosphäre im Studio. Schöner hätte sie sich ihren ersten Fernsehauftritt nicht vorstellen können. Noch einmal ging es dann in dem Interview um das Thema Musik, vor allem um Musik mit deutschen Texten. Das Schöne an dieser Musik sei für sie vor allem der Umstand, dass die Zuhörer die Texte tatsächlich verstehen würden – was ja etwa bei englischsprachiger Musik nicht immer der Fall ist. Die deutsche Sprache klänge zwar manchmal recht hart, sie zu singen wäre jedoch etwas ganz anderes. Zudem seien Schlager und Volksmusik nicht zuletzt so etwas wie ein Kulturerbe, sie wolle dazu beitragen, dieses Erbe zu erhalten. Auf die Frage, was denn Helene Fischers Eltern von dem eingeschlagenen Weg der Tochter halten, antwortete die Sängern, dass es zunächst durchaus noch Diskussionen darüber gegeben habe, welchen Berufsweg sie einschlagen solle. Sie selber habe den Eltern klarzumachen versucht, dass sie unbedingt einen künstlerischen Beruf ausüben wolle, diese hatten jedoch zunächst noch starke Bedenken, weil sie wohl ahnten, wie schwer der Weg werden könnte, davor hätten Vater und Mutter sie schützen wollen. Doch alles änderte sich, als sie eines Tages weinend am Küchentisch saß und beteuerte, wirklich nichts anderes machen zu wollen, als auf der Bühne zu singen und zu tanzen. Dieser Moment habe bei den Eltern ein Umdenken bewirkt, und seitdem unterstützten sie den Weg der Tochter voll und ganz. Was schließlich zu dem ersten Album führte, dessen Veröffentlichung nun bevorstand. Den Titel »Von hier bis unendlich« habe man gewählt, weil der Helenes aktuelle Lebensphase am besten widerspiegele: Sie stehe am Anfang ihrer Karriere und hoffe, dass diese so weitergehe, wie sie begonnen habe – mit viel Glück und vor allem mit viel Freude an der Sache. Was zu der Frage führte, wer denn eigentlich Helene Fischers Vorbilder seien. Sie sagte dazu, dass es viele und sehr unterschiedliche Vorbilder aus diversen Musikrichtungen gebe. Als Beispiel nannte sie die Kanadierin Céline Dion, die unter anderem mit dem Titelsong zum Hollywoodfilm *Titanic* weltweite Erfolge feiern konnte. Ebenfalls ein Vorbild sei Lena Valaitis, die seit den Siebzigerjahren zu den festen Größen des deutschen Schlagers zählt. Beide seien zwar auf den ersten Blick sehr verschieden, jedoch beide vor allem wirklich großartige Künstlerinnen. Sie selber strebe zwar nicht an, was diese beiden bereits erreicht hätten, vor den Leistungen der beiden Frauen ziehe sie aber den Hut. Dass sie durchaus unterschiedliche Vorbilder habe, zeige sich ihrer Meinung nach auf dem neuen Album. Das sei nämlich sehr vielseitig. Es fänden sich darauf fröhliche und tanzbare Titel wie *Am Ende sind wir stark genug* oder *Und morgen früh küss ich dich wach*, gleichzeitig aber gebe es auch Titel, die ans Herz gehen und bei denen sich die Zuhörer einfach gemütlich hinsetzen und den Texten lauschen sollten. Als Beispiel für einen derartigen Titel nannte sie *Engel geh'n durchs Feuer* ebenso wie *Feuer am Horizont*. Letztlich sei für jeden etwas dabei, der Freude an Musik mit deutschen Texten habe. Noch einmal betonte Helene in dem Gespräch in Bezug auf das Album und die damit verbundene Arbeit, dass sie unendlich dankbar sei, dass alles so gekommen sei und zu diesem Moment in ihrem Leben geführt habe. Es sei für sie ein unfassbares Gefühl, in ein Geschäft zu gehen und dort ihr eigenes Album vorzufinden, ihr Konterfei auf dem Cover zu sehen.

Liveauftritte hatte Helene Fischer im Jahr 2006 noch nicht allzu häufig absolviert. Auch dazu äußerte sie sich: In den Stunden vor einem Auftritt sei sie ausgesprochen ruhig, man würde ihr im Grunde gar nicht anmerken, dass ein Auftritt bevorstehe. Erst kurz bevor sie auf die Bühne gehe, ändere sich dies, dann spüre sie einen starken Adrenalinstoß, der durch ihren Körper fahre. Um sich abzulenken, würde sie sich dann zum Beispiel mit anderen unterhalten. Ein anderes Mittel gegen Lampenfieber existiere nicht, und das sei auch gut so, denn der Adrenalinschub gebe ihr schließlich den nötigen Kick, um auf der Bühne wirklich das Beste zu geben. Obwohl sie nun doch schon einiges erreicht hatte, fühlte sich die Sängerin damals noch nicht auf dem Zenit ihrer Möglichkeiten. Es gebe immer noch vieles, was sie lernen und verbessern könne. Daher nehme sie immer noch Tanzunterricht. Dies sei auch ihr Hobby. Darüber hinaus würde sie gerne lesen und mit Freunden und Familie feiern. Als

Nächstes fiel die Frage, wie Helenes musikalische Entwicklung begonnen habe beziehungsweise was ihre erste CD war. Die Antwort darauf zeigt, wie offen sie zu jener Zeit noch überwiegend mit solchen Fragen umging. Statt einen renommierten Künstler zu nennen, gab sie entwaffnend ehrlich zu, dass es sich bei der ersten CD um so etwas wie die *Bravo Hits* gehandelt haben dürfte. Zur Erklärung für diejenigen, die noch nie etwas von *Bravo Hits* gehört haben: Diese Musiksampler erscheinen seit dem Jahr 1992 und beinhalten die beliebtesten Titel von Lesern der Jugendzeitschrift *Bravo* – bis zum August 2018 sind inzwischen 102 solcher Hitsammlungen veröffentlicht worden. Doch während Helene noch über die *Bravo Hits* nachdachte, fiel ihr ein, dass sie vorher noch eine andere CD besaß, die ihr wohl jemand geschenkt hatte. Und der Interpret dieser CD überrascht dann doch etwas: Heintje. Zwar war in diesem Buch bereits davon die Rede, dass die kindliche Helene den einstigen Schlager-Kinderstar verehrte, doch wie tief diese Liebe wirklich ging, das war bis zu diesem Zeitpunkt noch weitgehend unbekannt. Sie sei ständig durch das elterliche Haus gerannt und habe Heintje-Lieder gesungen, weil sie es so außergewöhnlich und toll fand, dass ein Junge eine solche Stimme haben konnte. Damals habe sie selbst sich immer vorgestellt, einmal so ein kleiner Heintje zu sein. Daneben wurde Helene in dem frühen Interview zu einem eher ungewöhnlichen Thema gefragt: Haustiere. Die Sängerin ging überraschend ausführlich darauf ein. Sie habe schon früh Haustiere gehabt, allerdings immer nur recht kleine Exemplare, zum Beispiel Kaninchen, Wellensittiche, Hamster oder Meerschweinchen. Der Grund dafür lag darin, dass es im Elternhaus keinen Platz für ein größeres Tier gegeben habe. Sie selbst aber habe immer schon davon geträumt, sich einen Hund anzuschaffen. Zum Ende des Gespräches gab es noch eine Frage zu klären, die vermutlich jeder jungen Sängerin oder Schauspielerin gestellt wird, nämlich die Frage nach dem Beziehungsstatus, also ob sie schon vergeben sei. Bis heute hält sich Helene Fischer bekanntlich sehr bedeckt, wenn es um Beziehungen oder Affären vor der Zeit mit Florian Silbereisen geht. In dem Interview aus dem Jahr 2006 ging sie immerhin so weit zu sagen, in ihrem Leben gebe es eine Person, die ihr sehr wichtig sei, die einen wichtigen Teil ihres Lebens darstelle. Aus heutiger Sicht allerdings ist es fast schon prophetisch, dass dieses Interview kurz nach dieser Frage endete und daraufhin ein neuer Interviewteil folgte, in dem Helene Fischer und Florian Silbereisen gemeinsam Fragen beantworten – auch wenn beide zu jener Zeit noch kein Paar waren. Dieser Teil des Interviews stammt aus dem Herbst 2005, in dem Helene mit Florian Silbereisens »Überraschungsfest der Volksmusik« erstmals auf große Tournee ging. Silbereisen erklärt zu Anfang, man werde nun 56 Auftritte gemeinsam absolvieren. Bei einer derart umfangreichen Tour sei es wichtig, dass sich die Teilnehmenden untereinander gut verstehen – denn käme es hinter der Bühne immer wieder zu Reibereien, wäre das alles andere als ideal. Mit Helene aber sei das Verhältnis so gut, dass man gemeinsam sicher eine schöne Zeit haben werde. Während der Tour würden beide zusammen wieder jene ungarisch inspirierten Szenen aufführen, die schon beim ersten gemeinsamen Fernsehauftritt ausgesprochen gut beim Publikum angekommen waren. Doch die einzelnen Statements waren bei diesem Doppel-Interview im Grunde gar nicht so aussagekräftig wie das, was nicht gesagt wurde. Die Antworten übernahm nämlich fast ausnahmslos der medienerprobte Florian Silbereisen, während Helene meist kaum mehr als ein zustimmendes Ja einwarf. Auch wenn beide wohl noch

nichts von ihrer späteren Beziehung ahnten, ist es aufschluss-
reich, sie bei diesem Interview zu beobachten. Beide nämlich
schauten sich immer wieder intensiv in die Augen, und selbst
wenn Florian in Richtung der Kamera blickte, konnte Helene
kaum aufhören, ihren späteren Freund anzuschauen, ihn vielleicht sogar anzuhimmeln. Kritischere Naturen werden vermutlich sagen, sie hätte ihm nur auf die Haare geschaut und
sich gewünscht, dass er seine Frisur ändert. Dann aber ging
es noch um die Frage, welche Tipps der erfahrene Musiker
Silbereisen der am Anfang ihrer Karriere stehenden Helene
vielleicht mit auf den Weg geben könne. Der antwortete, dass
Helene Fischer keine Tipps benötige, wichtiger sei vielmehr,
dass sie Erfahrungen auf der Bühne sammle. Schon zu diesem
frühen Zeitpunkt sei zu erkennen, dass sie von Auftritt zu
Auftritt sicherer werde und sicherer wirke. Der entscheidende Punkt des Doppelinterviews kam jedoch, als sich Florian
Silbereisen an das erinnerte, was nach dem ersten gemeinsamen Fernsehauftritt geschehen war. Danach nämlich habe
man sich im Hotel getroffen und sich mehrere Stunden lang
an der Bar über Gott und die Welt unterhalten und dabei
festgestellt, »dass es ganz gut passt«. Auch wenn das zu jenem Zeitpunkt noch nicht auf ein intimeres Verhältnis hin-
wies, hatte man zumindest auf professioneller Ebene bereits
ein gutes Miteinander gefunden.

Schon lang nicht mehr getanzt: Ein doppeltes Comeback

Als das Jahr 2017 anbrach, war nicht nur Eingeweihten
klar, dass Helene Fischer in diesem Jahr wieder zurück-
kehren würde – auf die große Bühne und sicher auch mit

einem neuen Album in die Charts. Jeder rechnete außerdem damit, dass es eine triumphale Rückkehr werden würde und dass sie bei dieser Rückkehr keinerlei Konkurrenz zu befürchten hatte. Denn Helene spielte inzwischen in einer ganz eigenen Liga, die mit den Sphären anderer Schlagerstars im Grunde nicht mehr zu vergleichen waren. Oder? Tatsächlich gab es gerade im Jahr 2017 eine ernste Konkurrenz, und die entstand aus einer Richtung, die kaum jemand erwartet hätte. Alles begann mit einer Talkshow, die in den dritten Programmen des öffentlichen Fernsehens ausgestrahlt wurde, der *NDR Talkshow*, in der sich die Moderatoren Barbara Schöneberger und Hubertus Meyer-Burckhardt regelmäßig mit prominenten Gästen unterhalten. In der Ausgabe vom 4. November 2016 nun war Angelo Kelly zu Gast, ein Mitglied der legendären Kelly Family und dazu die Stimme des Megahits *An Angel* aus dem Jahr 1994. Inzwischen war der damals gerade einmal 13-jährige Sänger erwachsen geworden, hatte sich eine Karriere abseits der Kelly Family aufgebaut und längst seine eigene Familie gegründet. Die einst unzertrennlich erscheinende Kelly Family als Band war nach dem Ende der Neunzigerjahre immer weiter auseinandergefallen, nachdem die gewohnten Erfolge ausblieben und im Jahr 2002 schließlich Familienoberhaupt Dan Kelly gestorben war. Niemand mochte inzwischen mehr darauf wetten, dass sich die Kellys noch einmal vereinen würden. Doch zur Überraschung der Moderatoren und vor allem des Publikums kam genau dieses Thema während der Talkshow wieder zur Sprache. Zunächst fragte Barbara Schöneberger den Musiker, ob er immer noch und immer wieder auf das Thema einer Reunion der Familienband angesprochen werde. Der bejahte. Seit er sein erstes Soloalbum veröffentlichte, habe er sich dieser Frage stellen müssen. Es habe eine Weile gedauert, bis er dieses immer wieder aufflackernde Interesse verstand: Die Kelly Family habe gerade in den Neunzigerjahren unglaublich viele Menschen berührt, ein Einzelner könne die entstandene Lücke gar nicht füllen. Vor diesem Hintergrund hätten die Familienmitglieder dann im Jahr 2014 begonnen, darüber zu reden, ob sie nicht wenigstens für ein einziges Konzert noch einmal gemeinsam auf die Bühne gehen könnten. Der entscheidende Auslöser sei gewesen, dass die Band exakt 20 Jahre zuvor, im Jahr 1994, erstmals die Westfalenhalle in Dortmund gebucht hatte – und zwar auf eigenes Risiko. Das Ergebnis: Die Halle war mit 17 000 Besuchern vollkommen ausverkauft, obwohl die Charterfolge der Kellys damals noch reine Zukunftsmusik waren. Dann kam in dem Interview der Punkt, den niemand für möglich gehalten, den sich aber viele gewünscht hatten: Angelo Kelly verkündete an jenem Novemberabend des Jahres 2016, dass die Kelly Family im folgenden Jahr wieder gemeinsam in der Westfalenhalle auftreten würde. Die Ankündigung des Konzertes am 19. Mai 2017 war an sich schon eine Sensation, noch sensationeller allerdings war das, was nach dieser Ankündigung geschah: Das Konzert war nach etwa 18 Minuten ausverkauft. Daraufhin wurde ein Zusatzkonzert für den folgenden Tag bekannt gegeben. Auch das war nach nur zwei Stunden ausverkauft. Und auch die Karten für ein drittes und letztes Konzert für den 21. Mai waren nach einem Tag weg. Doch selbst das war nur der Anfang der neuen Erfolgsgeschichte der Kelly Family, denn neben besagten Auftritten sollte auch ein neues Album erscheinen. Am 13. Februar 2017 präsentierte die Familie auf ihrer offiziellen Facebook-Seite erstmals das Cover und kündigte die Veröffentlichung für den 24. März an. Der Titel des Albums sollte »We Got Love« lauten. Noch vor dem Album erschien am 10. März 2017 die

Single *Nanana*, bei der es sich allerdings um keinen vollkommen neuen Titel, sondern um eine Neuauflage des gleichnamigen Titels aus dem Jahr 1997 handelte – diese Veröffentlichung wurde begleitet von einem Musikvideo. Das Album übertraf alle Erwartungen und stieg auf Platz eins der deutschen Charts ein. In Österreich stieg »We Got Love« ebenfalls bis auf den ersten Platz, in der Schweiz erreichte es Platz drei und in Polen Platz zehn. Bereits beim Konzert am 19. Mai wurde die Kelly Family für diese Erfolge mit einer Goldenen Schallplatte ausgezeichnet, im Oktober folgte die Auszeichnung in Platin. Mitverantwortlich für das erfolgreiche Comeback war neben den Tonträgern die triumphale Rückkehr der Familie auf die Bühne. Die wurde nicht nur im Mai in der Westfalenhalle vollzogen, sondern schon am 25. März 2017 absolvierte die Kelly Family ihren ersten offiziellen gemeinsamen Auftritt beim *Schlagercountdown* in der Weser-Ems-Halle in Oldenburg, der in der ARD übertragen wurde. Was nun wieder den Bogen schlägt zu Helene Fischer. Denn dieser *Schlagercountdown* sollte aus gleich zwei Gründen in die Geschichte des deutschen Schlagers eingehen: zum einen, weil die Kellys hier ihr offizielles Bühnencomeback feierten, und zum anderen, weil Helene nach ihrer Pause zum ersten Mal wieder live auftrat. Das Kelly-Comeback wurde von Florian Silbereisen als Moderator mit einem live heruntergezählten Countdown eingeläutet, nach dem die Familie dann nach langer Zeit wieder vor Publikum die einstigen Erfolgstitel *Fell in Love with an Alien* und *An Angel* vortrug. Unvergessen blieb dabei vor allem jener Moment, in dem Angelos Tochter Emma die einst von ihrem Vater gesungenen Passagen in *An Angel* übernahm. Von einem umjubelten Auftritt zu sprechen, wäre eine sträfliche Untertreibung. Doch der eigentliche Höhepunkt des Abends stand noch bevor. Inzwischen war bekannt, dass Helene Fischer an diesem Abend erstmals Titel aus ihrem immer noch geheimen neuen Album singen würde – für die Fans eine Sensation, auch wenn der größte Schlagerstar unserer Zeit sich die Aufmerksamkeit mit den auf die Bühne zurückgekehrten Kellys teilen musste. Sie begann ihren Auftritt mit dem neuen Titel *Flieger*. Geschrieben wurde dieses Stück von dem schwedischen Songwriter Fredrik Boström und von Kristina Bach, die bekanntlich schon hinter dem Megahit *Atemlos* stand. Nach dieser Stadionhymne wurden leisere Töne angeschlagen – es folgte als zweiter neuer Titel *Wenn Du lachst*. Diesen Titel hatten Simon Triebel, bekannt geworden als Gitarrist der Band Juli, und Ali Zuckowski, Sohn von Musiker Rolf Zuckowski, mit weiteren Beteiligten geschrieben. Nach dieser Ballade folgte mit *Viva la vida* ein weiterer neuer Stimmungstitel. Der Auftritt am Ende des live gesendeten mehrstündigen *Schlagercountdowns* wurde von den Fans bejubelt, und die Kritiken in den Medien fielen durchweg positiv aus. Schnell allerdings ging es dann gar nicht mehr um den Premierenauftritt, sondern um die Nachrichten bezüglich des neuen Albums von Helene Fischer, auf dem die vorgestellten Titel ja enthalten sein würden. Denn bereits am 24. März erschien auf der offiziellen Facebook-Seite der Sängerin die Nachricht, auf die alle gewartet hatten: Das Warten habe endlich ein Ende, hieß es dort, das neue Helene-Fischer-Album sei ab sofort vorbestellbar und werde voraussichtlich Mitte Mai erscheinen. Am Tag nach der Fernsehshow meldete dann die Zeitschrift *Focus*, das Album werde vermutlich am 12. Mai veröffentlicht werden und es werde keinen fantasievollen Titel tragen, sondern schlicht nach der Sängerin benannt sein. Beide Informationen stimmten, das mittlerweile siebte Studioalbum erschien an dem vermuteten Tag und hieß einfach nur »Helene Fischer«. Die Kritiken zu dem Album fielen, wie inzwischen bereits gewohnt, überaus gemischt aus. Während die auf Schlager spezialisierten Rezensenten das Werk meist durchweg lobten, mühten sich vor allem die selbst ernannten Qualitätsmedien daran ab. Für die *Süddeutsche Zeitung* etwa handelte es sich um »das vielleicht perfideste Stück (Pop-)Musik, das seit vielen Jahren veröffentlicht worden ist«. Das Album sei die »reinste Hörermanipulation« des Pop-Jahres. Es sei brillant, was jedoch nichts mit der Musik zu tun habe. Die Musik sei vielmehr absurd egal. Helene Fischer verhalte sich zum Gefühl, das vermittelt werden soll, »nur wie der Stecken zur Zuckerwatte: für den Geschmack völlig unerheblich, aber ohne gibt es Probleme beim Transportieren«. Das mag eine Spur gestelzt klingen, im Grunde wurde die Meinung vertreten, Helene Fischer verkaufe im Grunde gar keine Musik mehr, sie bediene vielmehr nur die Gefühle der Käufer. Das Album sei letztlich »ein ständiger, generalstabsmäßig geplanter Hinweis auf den Widerspruch zwischen Sehnsucht und Wirklichkeit«, es sei Problemdiagnose und Heilung in einem – oder wolle genau das sein. *Die Zeit* besprach das Album ebenfalls ausführlich, beschrieb es jedoch weniger kryptisch, sondern beschäftigte sich auch mit den Hintergründen der Entstehung. Denn hinter den Kulissen habe es durchaus Fraktionen gegeben, die unterschiedliche Vorstellungen von der weiteren Entwicklung des Stars hatten. Da sei einerseits der Manager Uwe Kanthak, der die inzwischen so erfolgreiche öffentliche Person Helene Fischer entscheidend prägte, der nun aber bezüglich weiterer Veränderungen auf die Bremse habe treten wollen, während Vertreter des Musikkonzerns Universal für eine noch stärkere Profilierung als internationaler Popstar plädiert hätten. Dies soll zu einem unentwegten Hin und Her geführt haben und auch dazu, dass von manchen Titeln des Albums bis zu 900 unterschiedliche Versionen auf ihre Tauglichkeit hin überprüft worden seien. Gelöst wurde der Zwist laut *Zeit* letztlich auf geradezu »Merkel'sche Weise«: durch »system-stabilisierenden Ausgleich und Kompromisse«. Das Doppelalbum enthalte insgesamt 24 Lieder. Die ersten zwölf Titel würden Helene als ebenso Pop- wie Dancefloor-versierte Universal-künstlerin präsentieren, während die übrigen zwölf Titel »in geradezu aufreizend konservativer Weise den Humpta-ump-grundierten Elektroschlager« variieren würden.

Das Musikportal *laut.de* veröffentlichte ebenfalls eine Rezension, die zwar sehr umfangreich ausfiel, der jedoch ebenfalls anzumerken war, dass der Autor nicht so recht wusste, wie er mit dem Thema umgehen sollte – so verfrem-dete er die Kritik in Form eines Theaterstückes mit mehreren Akten. Helene Fischer, so hieß es etwa, vertone gekonnt »das Bekenntnis zum Harm- und Sorglosen«. Erwähnt wurde in dem Artikel aber auch, wie diffus inzwischen die Trennlinie zwischen Schlager und aktueller deutscher Popmusik gewor-den sei und wie meisterhaft Helene Fischer auf dieser Linie balanciere. Immerhin ging *laut.de*, anders als die *Süddeutsche* und die *Zeit*, tatsächlich auf die einzelnen Titel des Albums ein, kam jedoch letztlich vor allem zu dem Schluss, man habe da-runter kein zweites *Atemlos* ausmachen können. Wesentlich intensiver ging etwa die Tageszeitung *Augsburger Allgemeine* auf die einzelnen Tracks ein. Auch hier hieß es, auf »Helene Fischer« würde sich vieles um Liebe, Sehnsucht und die Macht der Zweisamkeit drehen. Die entsprechenden Themen seien mal als Pop-Schlager, häufig aber als emotionale Ballade ver-packt. »Das Besondere an dem Album sind aber die musikali-schen Pfade abseits des Helene-Fischer-Mainstreams«, so die Zeitung. *Achterbahn* etwa komme fast schon ironisch daher, es sei sicher nicht vermessen, diesem Song ein Sommerhit-Potenzial wie einst bei *Atemlos* zu bescheinigen.

Wirklich gut produziert sei der Eurodisco-Stampfer *Herzbeben*, bei dem die Sängerin fast so etwas wie eine Reibeisen-Stimme entwickle – der Text jedoch komme eher schwach daher. Als Ersatz dafür gehe aber der Elektro-Beat umso mehr »über die Ohren direkt in die Füße«. Was dann auch hier wieder zu dem schon von der *Zeit* thematisierten Streit bezüglich einer neuen Ausrichtung führte. Denn so ein Beat könne manchem traditionellen Fan zwar ein wenig zu sehr durch die Ohren wummern, er könne Helene Fischer aber durchaus neue Märkte erschließen.

Besagten Fans allerdings waren die Kritiken mehr oder minder egal. Ihnen ging es vor allem darum, dass es endlich wieder neues Material von ihrem Idol gab. Was dazu führte, dass das Album in Deutschland, Österreich und in der Schweiz auf den ersten Platz der Charts stieg. In der Jahresendabrechnung belegte es in Deutschland und Österreich ebenfalls den ersten Platz, kam in der Schweiz auf Platz zwei. Vor allem in Deutschland war die Nachfrage gigantisch, »Helene Fischer« legte den erfolgreichsten Start eines Albums in den letzten 15 Jahren hin. In diesem Jahrtausend hatte nur Herbert Grönemeyers *Mensch* im Jahr 2002 innerhalb von sieben Tagen mehr Exemplare absetzen können. Zudem war das Album alles andere als eine Eintagsfliege. Für insgesamt mehr als 1 060 000 verkaufte Einheiten wurde »Helene Fischer« im Januar 2018 in Deutschland mit Fünffach-Platin sowie im November 2017 in Österreich mit Vierfach-Platin ausgezeichnet.

»Immer ist es Liebe, die gewinnt«: Kleine Skandale, große Worte

Nach der Veröffentlichung des Albums ging für Helene Fischer im Grunde alles weiter wie gewohnt, einiges jedoch war überraschend anders. Wie sonst auch absolvierte sie Auftritte, ging auf Tour und konnte ihre ohnehin schon gigantischen Erfolge noch einmal übertreffen. Bis zum September 2018 sollte sie innerhalb von zwölf Monaten 87 Shows geben, zu denen unglaubliche 1,3 Millionen Besucher kamen. Anders als gewohnt fiel allerdings die Reaktion aus, als die Künstlerin am 1. Juni 2018 das Album »Flieger – The Mixes« veröffentlichte. Darauf enthalten waren acht neu abgemischte Versionen des Songs *Flieger*. Über dieses Mix-Album wurde vor allem im Internet heftigst diskutiert. Dabei ging es jedoch nur in den seltensten Fällen um die Musik. Für Gesprächsstoff sorgte vielmehr das Coverfoto. Das nämlich zeigt Helene Fischer nur in einem langen Blazer bekleidet, mit tiefem Dekolleté ohne Hose. Schon das war manchem Fan zu viel Haut, der eigentliche Stein des Anstoßes bestand jedoch darin, dass sie auf dem Foto mit beiden Händen ihren Intimbereich verdeckt. Was zu der Frage führte, ob sie auf dem Foto überhaupt einen Slip trage. Diese Frage hätte sich vor wenigen Jahren vielleicht der eine oder andere Fan privat gestellt, im Jahr 2018 jedoch war es vor allem für die Medien ein gefundenes Fressen. Schließlich konnte man so den »makellosen« Star mit einem Skandal in Verbindung bringen. Doch die vermeintliche Schlüpfer-Affäre ließ sich nicht lange ausschlachten, da Helene Fischer die Sache bei einem Auftritt in der österreichischen Talkshow *Willkommen Österreich* persönlich aufklärte. Es habe sich, so Fischer, bei dem Foto um einen wirklichen Schnappschuss gehandelt, sie habe sich in diesem

Moment erschrocken, weil der Fotograf schon da war. Für sie selber seien die extremen Reaktionen auf das Foto, auch vonseiten der Fans, vor allem aus dem Grund überraschend, weil das Foto gar nicht neu, sondern schon früher veröffentlicht worden sei, etwa in den Booklets ihrer Alben. Ihre Pose auf dem Motiv sei zudem gerade in der Modewelt durchaus üblich. Letzten Kritikern oder Eiferern nahm sie schließlich mit der Bemerkung den Wind aus den Segeln, sie habe natürlich Unterwäsche beziehungsweise einen Slip getragen. In der Talkshow wurde aber noch ein völlig anderer und für manchen recht überraschender Fakt angesprochen: dass nämlich der Megahit *Atemlos* mittlerweile häufig bei Begräbnissen gespielt wird, dort gar auf den sechsten Rang der meistgespielten Titel kommt. Wobei sich die Frage stellt, ob *Atemlos* wirklich die passende musikalische Begleitung ist, wenn ein nicht mehr atmender Mensch zu Grabe getragen wird. Doch diese Frage sollte bald in den Hintergrund treten, vielmehr stockte manchem – um im Bild zu bleiben – der Atem, als Helene Fischer Anfang September 2018 etwas tat, was man von ihr bisher kaum kannte: Sie äußerte sich zur Lage im Land, bezog in diesem Zusammenhang politisch Stellung. Hintergrund waren die Ereignisse in Chemnitz, wo am frühen Morgen des 26. August ein 35-jähriger Mann nach einer tätlichen Auseinandersetzung starb. Noch am selben Tag wurden zwei Verdächtige festgenommen, ein 22-jähriger mutmaßlicher Iraker sowie ein 23-jähriger mutmaßlicher Syrer. Es ist sicher nicht Aufgabe dieses Buches, die damaligen Ereignisse noch einmal detailliert zusammenfassen, daher soll hier nur erwähnt werden, dass es in der Folge zu Protesten vor allem rechter Gruppierungen kam, die in ganz Deutschland verfolgt wurden und zu einer weiteren Diskussion über Flüchtlinge und Flüchtlingspolitik führten. Das alles wiederum führte schließlich dazu, dass sich Helene Fischer am 4. September um 14:01 Uhr auf Facebook im Vorfeld ihres anstehenden Berlin-Konzertes zu dem Thema zu Wort meldete. Sie schrieb, man solle während des Konzertes »gemeinsam feiern, tanzen, lachen«. Man solle Emotionen miteinander teilen und zumindest für einige Stunden den Alltag vergessen. Die entscheidende Aussage jedoch lautete: »Wir können und dürfen nicht ausblenden, was zur Zeit in unserem Land passiert«. Man könne zum Glück jedoch auch sehen, wie groß der Zusammenhalt auf der anderen Seite sei – das solle die Menschen stolz machen. Musik sei ein Zeichen der Verbundenheit »und immer ist es Liebe, die gewinnt«. Sie freue sich darauf, gemeinsam mit den Fans dieses Zeichen zu setzen. Besagte Fans belohnten das Statement mit rund 9500 »Gefällt mir!«-Angaben, es gab jedoch auch mehr als 300 als »wütend« markierte Reaktionen darauf. Hinzu kam eine Diskussion zum Thema mit rund 1800 Kommentaren, die ebenfalls unterschiedliche Meinungen spiegelten, überwiegend aber doch positiv ausfielen. Dass in Helenes emotionalem Posting der Begriff des Zusammenhaltes eine besondere Rolle spielte, kam sicher nicht von ungefähr. Gerade der in ihrem persönlichen Umfeld erlebte Zusammenhalt veranlasste sie nur wenige Wochen später nach dem Ende der Tournee zu einem weiteren emotionalen Posting, das nun auf ihrem Instagram-Account veröffentlicht wurde. Dieser Beitrag war gänzlich unpolitisch und mit »Liebesbrief an meine Tourfamily« überschrieben. Sie wollte damit ihr unmittelbares Umfeld wissen lassen, »wie magisch und einzigartig diese Reise« für sie war. »Nur mit EUCH und durch EUCH war das möglich!«, so Helene Fischer. Sie habe jeden Abend stolz auf die Bühne gehen können, weil sie wusste, dass alle gemeinsam etwas Einmaliges präsentieren würden.

Vielleicht ist dieser vollkommen unpolitische Dank jedoch gerade wegen des Verzichts auf Politik etwas, das sich die Politik und auch die Menschen im Land zu Herzen nehmen sollten. Dass nämlich Zusammenhalt und gemeinsames Handeln wesentlich mehr zu erreichen vermögen als ständige Streitereien und Auseinandersetzungen. Und vielleicht ist gerade das die wichtigste Botschaft, die Helene Fischer abseits ihrer zahllosen Erfolge vermittelt hat.

SCHLUSSBEMERKUNG

Also – was nun? Wie wird es mit Helene Fischer und ihrer Karriere in den kommenden Jahren weitergehen? Eines steht sicher außer Frage: Im deutschsprachigen Raum wird sie weitere Nummer-eins-Alben abliefern, wird weiter durch die größten Arenen touren und diese immer wieder auch bis auf den letzten Platz füllen. Aber könnte es darüber hinaus noch mehr geben? Über die Internationalisierung ihrer Karriere wurde bereits häufig gesprochen, und im nahen europäischen Ausland ist dies ja bereits realisiert worden. Die große Frage, die immer wieder gestellt wird, ist jedoch, ob Helene Fischer – nach dem eher erfolglosen Album »The English Ones« – doch noch einen deutlich ausgeklügelteren Ausflug auf den englischsprachigen Markt wagt. Ob sie sich also sprachlich dem Weltmarkt anpasst und so vielleicht in die Fußstapfen der von ihr verehrten Céline Dion tritt, so wie es ja den Berichten zufolge zumindest vonseiten der Plattenfirmen zuletzt gewünscht war. Das ist sicher eine Möglichkeit, wenn man sich fragt, was von der Helene Fischer der Zukunft zu erwarten ist. Vielleicht überrascht sie Kritiker, Fans und die Öffentlichkeit aber auch, indem sie überwiegend der deutschen Sprache treu bleibt und genau damit noch größere internationale Erfolge verbucht. Wer sonst hätte die Chance und die Fähigkeit, ein internationales Publikum rund um den Globus mit deutschen Texten zu erobern, als die Frau, die sich vom Korsett des Volkstümlichen befreite, mit ihrem Team den Schlager revolutionierte und zu nie geahnten Erfolgen führte? So wie es umgekehrt englischsprachige Künstler seit Jahrzehnten in Deutschland und zahllosen weiteren Nationen schaffen. Vielleicht singt man in einigen Jahren in den USA oder Großbritannien ja *Atemlos durch die Nacht*, ohne dass der Text jemals offiziell in eine andere Sprache übersetzt wurde. Das wäre der Ritterschlag und würde aus dem Star Helene Fischer endgültig eine Ikone machen.

QUELLEN

http://www.laut.de/Helene-Fischer/Alben/Farbenspiel-91414
http://blog.prinz.de/grand-prix/helene-fischer-das-neue-album-farbenspiel-der-konigin-ist-da/
http://meedia.de/2014/03/28/helene-fischers-echo-show-der-kleinste-gemeinsame-blonde-nenner/
http://www.spiegel.de/kultur/musik/echo-2014-helene-fischer-raeumt-ab-a-961190.html
http://www.helenefischer-fanseite.de/auszeichnungen/_az.htm
http://www.helenefischer-fanseite.de/start/_biographie.htm
http://www.youtube.com/watch?v=2zdH9OitRng
http://www.spiegel.de/karriere/berufsleben/texte-fuer-schlagersaenger-tobias-reitz-dichtet-fuer-helene-fischer-a-878032.html
http://www.morgenpost.de/vermischtes/stars-und-promis/article123212762/Wenn-Helene-Fischer-mit-Fans-Weihnachten-in-Berlin-feiert.html
http://www.sueddeutsche.de/medien/tv-kritik-zum-echo-der-alte-mann-und-der-punk-1.1628840-2
http://www.dailymotion.com/video/x426w1_helene-fischer-uberraschung-bei-kro_music
http://www.mariah-charts.com/chartdata/PHeleneFischer.htm
http://manni.repage7.de/
http://www.universal-music.de/helene-fischer/news/detail/article:220883/biografie-helene-fischer-2006
http://www.bild.de/regional/hamburg/helene-fischer/helene_fischer_auf_kurz_besuch-34735604.bild.html
http://www.augsburger-allgemeine.de/panorama/Erklaerung-eines-Phaenomens-id25766226.html
http://www.sonntagszeitung.ch/fokus/sonntagsgespraech/sonntagsgespraech-detailseite/?newsid=265688
http://www.spiegel.de/kultur/tv/mdr-verdacht-auf-bestechlichkeit-bei-manager-von-helene-fischer-a-860548.html#ref=rss
http://www.youtube.com/watch?v=fdAfd4ts7j0
https://www.youtube.com/watch?v=mPd1aQHmGH8
http://de.wikipedia.org/wiki/Pierre_Humphrey
http://www.spiegel.de/spiegel/print/d-26495811.html
https://www.youtube.com/watch?v=mQzyxgKSRpM
http://www.nachrichten.at/nachrichten/kultur/Helene-Fischer-Ich-bin-einfach-wie-ich-bin;art16,740149
http://www.dorstenerzeitung.de/nachrichten/vermischtes/aktuelles_berichte/Grosse-Lust-auf-Rock-Pop-Album;art29854,1506291
http://www.t-online.de/tv/stars/vip-spotlight/id_66197058/helene-fischer-verraet-besonderes-ritual.html
http://www.bild.de/unterhaltung/musik/helene-fischer/kosmos-der-unterhaltungs-kuenstlerin-29619338.bild.html

Quellen

http://www.tagblatt.ch/altdaten/tagblatt-alt/tagblattheute/tg/weinfelden/tb-wf/art828,106291

http://www.badische-zeitung.de/rock-pop/der-musikalische-direktor-von-helene-fischers-shows--45787539.html

http://de.wikipedia.org/wiki/Wolf_Kerschek

http://www.dasorchester.de/de_DE/journal/issues/showarticle,34619.html

https://www.youtube.com/watch?v=IjmK2E_WJbw

http://www.t-online.de/unterhaltung/musik/id_67643358/helene-fischers-biografie-und-erfolgsgeschichte.html

https://www.youtube.com/watch?v=XS3G2TBl00o

http://www.bild.de/unterhaltung/tv/helene-fischer/michael-bolton-schwaermt-und-singt-mit-ihr-21740508.bild.html

http://www.kulturnews.de/knde/story.php?id=2870022&artist=Michael%20Bolton#

http://www.loomee-tv.de/helene-fischer-eifersuchts-drama-vor-tv-kameras/

http://www.rp-online.de/panorama/leute/florian-silbereisens-grosse-liebe-aid-1.2024195

http://www.mostropolis.at/de/newsdetail_Mostviertel_MostviertelMagazin_Helene_Fischer_520_5595.html

http://www.helene-fischer-fans.com/biografie/

http://www.youtube.com/watch?v=_9i-eklXKxg

http://www.spiegel.de/spiegel/print/d-39867138.html

http://de.wikipedia.org/wiki/Schwarzmeerdeutsche

http://www.huffingtonpost.de/2013/12/17/helene-fischer-google-miley-cyrus_n_4457458.html

http://heleneseite.jimdo.com/

http://www.wunderweib.de/aktuell/artikel-1024979-aktuell/Jetzt-kommt-ihre-ganze-Vergangenheit-ans-Licht.html

http://www.openpr.de/news/82465/Helene-Fischer-im-Interview.html

http://www.aargauerzeitung.ch/kultur/musik/schlagerstar-helene-fischer-es-macht-spass-schwaechen-zu-haben-127335282

http://de.wikipedia.org/wiki/Geschichte_der_Russlanddeutschen

http://forum.ahnenforschung.net/showthread.php?s=f883644f08672eb70b7386789ff105cd&t=96452&page=2

http://chilli-freiburg.de/start/starinterview-der-woche-helene-fischer/

http://mobil.deutschebahn.com/was-beruehrt/bitte-einfach-helene/

http://blog.prinz.de/grand-prix/helene-fischer-die-marketing-maschine-der-konigin-die-funktioniert-fehlerfrei/

http://www.sueddeutsche.de/medien/saengerin-helene-fischer-fraeulein-zuckerguss-1.1781726-2

http://www.sueddeutsche.de/medien/zu-besuch-bei-florian-silbereisen-arbeit-am-offenen-herzen-1.1865338

http://www.sueddeutsche.de/muenchen/volksmusik-star-helene-fischer-miss-makellos-1.1505634

http://www.planet-interview.de/interviews/helene-fischer/35764/

http://www.ufa.de/channels/spotlights/ufa_backstage/statements_zu_helene_fischer___allein_im_licht/

http://www.rp-online.de/panorama/leute/auf-der-buehne-ist-alles-glamour-und-show-aid-1.3385833

http://www.t-online.de/unterhaltung/stars/id_65964750/silbereisen-mit-neuem-look-steckt-helene-fischer-dahinter-.html

Quellen

http://www.bunte.de/panorama/florian-silbereisen-grosse-liebe-mit-helene-so-fing-alles-59261.html
http://www.bild.de/regional/muenchen/florian-silbereisen/ueber-liebe-auf-den-ersten-blick-5337306.bild.html
http://www.stuttgarter-zeitung.de/inhalt.florian-silbereisen-im-interview-ich-kann-mich-voellig-austoben.a11bfa2c-561a-493c-9af6-220a6c304c11.html
http://www.superillu.de/exklusiv/helene-fischer-ein-star-voller-geheimnnisse-leute
http://hitparade.ch/interview.asp?id=323
http://www.faz.net/aktuell/gesellschaft/menschen/helene-fischer-die-frische-der-tannennadel-11900159.html
http://www.blick.ch/people-tv/musik/ich-waere-gerne-mal-ein-mann-id88185.html
http://www.allgemeine-zeitung.de/lokales/rheinhessen/schlagerstar-helene-fischer-hat-russische-wurzeln-und-woellsteiner-jugenderinnerungen-am-12-juni-auftritt-in-mainz_13158610.htm
http://www.baltikum-blatt.eu/meinungen/32-meinung/820-helene-fischer-und-der-chor-der-roten-armee.html
http://www.presseportal.de/pm/37370/1572484/exklusiv-in-das-neue-der-vater-von-helene-fischer-hat-seinen-job-verloren
http://www.superillu.de/zeitvertreib/musik/kristina-bach-interview-musik-star
http://www.helenefischer-fanseite.de/auszeichnungen/_az.htm
http://www.universal-music.de/helene-fischer/news/detail/article:220884/biografie-dezember-2006
http://www.wz-newsline.de/home/gesellschaft/leute/helene-fischer-volksmusik-zum-karrierestart-1.473271
http://www.boomband.cz/de/
http://pressemitteilung.ws/node/123552
http://www.vip.de/cms/the-voice-coach-samu-haber-bei-helene-fischer-geraet-er-ins-schwaermen-35a18-bea3-12-1742672.html
http://www.swisscharts.com/album/Helene-Fischer/Von-hier-bis-unendlich-29136
http://www.sandraludewig.com/
http://blogtimes.info/sandra-ludewig-das-sensible-novemberblut-im-gesprach/
http://www.kulturigo.de/management-von-helene-fischer-herzlos-818415.html/
https://www.facebook.com/permalink.php?id=279660972054532&story_fbid=280513305412463
http://www.zeit.de/2001/20/Abgrund_genug/seite-4
http://www.bild.de/unterhaltung/leute/helene-fischer/lady-giga-26343078.bild.html
http://www.presseportal.de/pm/43719/890748/schlager-star-kristina-bach-exklusiv-in-neue-post-die-maenner-haben-mich-immer-nur-ausgenutzt
http://www.gentech.at/2010/11/kristina-bach-superillu-sprach-mit-ihr-uber-ihr-neues-leben/
https://www.facebook.com/204889502867730/posts/591284840894859
http://jungle-world.com/artikel/2003/05/9965.html
http://www.google.de/imgres?client=firefox-a&hs=IGw&sa=X&rls=org.mozilla%3Ade%3Aofficial&channel=sb&biw=1600&bih=790&tbm=isch&tbnid=csXm4w5u4rJ5-M%3A&imgrefurl=http%3A%2F%2Fwww.helene-fischer-fans.com%2Fneues%2Ffacebook-wette-radio-charivari-spielt-vier-stunden-helene%2F&docid=uFBsR2TPAC6x9M&imgurl=http%3A%2F%2Fwww.helene-fischer-fans.com%2Fmain%2Fuploads%2Fhelene-fischer-hot.jpg&w=480&h=399&ei=OToLU73WOMjXtQbq9IHABA&zoom=1&iact=rc&dur=334&page=2&start=26&ndsp=35&ved=0CIsCEK0DMDo

Quellen

http://www.epochtimes.de/Helene-Fischer-laut-Playboy-Lesern-die-Traumfrau-a1122813.html

http://www.krone.at/Musik/Helene_Fischer_Goldkehlchen_schmiedet_Silbereisen-Krone-Interview-Story-379480

http://www.taz.de/Die-Wahrheit/!130457/

http://www.promiflash.de/helene-fischers-stalker-sucht-ihren-heimatort-heim-12102514.html

http://www.deutsches-musik-fernsehen.de/neuigkeiten/2012/10/27/der-mann-der-helene-fischer-stalkt.html

http://www.bankkaufmann.com/a-287702-Saengerin-Helene-Fischers-Ex-Freund-spricht-in-die-aktuelle-mit-Bild.html

http://www.welt.de/vermischtes/prominente/article113289860/Die-Helene-Fischer-fuer-Hotel-und-Autohaus.html

https://www.facebook.com/pages/Anni-Perka/211184498905618?fref=ts

http://www.double-helene-fischer.de/

http://www.welt.de/regionales/duesseldorf/article112666022/Helene-Fischer-weist-Doubles-in-die-Schranken.html

http://www.mdr.de/mdr-thueringen/musik/helene_fischer_album_praesentation100.html

http://www.helene-fischer.de/?q=helene-fischer-und-das-album-%E2%80%9Efarbenspiel%E2%80%9C

http://www.swisscharts.com/forum.asp?todo=viewthread&pages=&id=6252

http://www.schlagerstadt.de/schlagernews/236-das-beste-von-jean-frankfurter

http://www.schlagr.de/jean-frankfurter-helene-fischers-songschreiber-wird-65-090313/

http://de.wikipedia.org/wiki/Jean_Frankfurter

http://de.wikipedia.org/wiki/Irma_Holder

http://www.billies.de/news/index.php?text=Sie-hat-es-wieder-getan-Helene-Fischer&text_id=32&sid=52b191beb9cbb111363901552b191bebc431

http://www.eventelevator.de/stories/reportagen/helene-fischer-mit-kran-katapult-und-choreographie

http://www.abendzeitung-muenchen.de/inhalt.quotenflop-zdf-zuschauer-schalten-um-helene-fischer-killt-die-quote.ed97e86e-70ec-42fd-9452-c365e115bac8.html

http://www.dwdl.de/magazin/43994/helene_fischer_die_perfektionistin_mit_dem_extraakku/

http://soul-system.com/klienten/marvin-a-smith/

http://kioskforscher.wordpress.com/2012/02/22/entdeckt-27-paradies-by-helene-fischer-zum-dauerlachen-verdammt/#

http://www.welt.de/vermischtes/weltgeschehen/article112259902/Helene-Fischer-die-Fleisch-gewordene-Perfektion.html

http://www.oe24.at/musik/schlager/Helene-Fischer-erzuernt-ueber-FPOe-H-C-Stache-spielte-ihr-Video-Phaenomen-bei-FPOe-Treffen/54690922

http://www.discogs.com/Helene-Fischer-Farbenspiel/release/4991798

http://www.youtube.com/watch?v=6wi-k-nLAU4

http://www.eventelevator.de/stories/reportagen/helene-fischer-mit-kran-katapult-und-choreographie

http://www.youtube.com/watch?v=ZbDE6oGLFvk

http://www.youtube.com/watch?v=4nVOHJm-AHQ

http://www.t-online.de/unterhaltung/musik/id_67195460/helene-fischer-leistet-sich-peinlichen-patzer-im-radio-interview.html

http://www.helenefischer-fanpage.de/surftips.htm

Quellen

http://www.swr.de/swr4/rp/musik/aktuell/deutscher-schlager-in-daenemark/-/id=263206/did=11771310/nid=263206/pe9lp7/index.html
http://www.schlagerplanet.com/news/wissenswertes/nachgefragt/musiclabel-emi-zieht-nach-berlin_n187.html
http://www.smago.de/d/artikel/63038/
http://www.helene-fischer.de/news/jahrtausendrekord-farbenspiel-bricht-in-der-ersten-woche-s%C3%A4mtliche-rekorde-in-deutschland
http://www.ampya.com/news/Music-Biz/Helene-Fischer-regiert-die-Charts-SN107570/
http://www.abendblatt.de/kultur-live/tv-und-medien/article123345957/So-war-2013-fuer-Helene-Fischer-ein-Jahresrueckblick.html
http://www.garnier.de/_de/_de/haarstudio/coloration/colorations-produkte/nutrisse-creme-botschafterin.aspx
http://www.meggle.com/pressearchiv/Presse_22.04.2013_Helene_Fischer_ist_ein_Gourmeggle.pdf
http://tuicruises.com/Schlagerreise/
http://tuicruises.com/programm/helene-fischer-kreuzfahrt/
http://tuicruises.com/presse/archiv/helene-fischer-wird-taufpatin-der-mein-schiff-3-noch-97-tage-bis-zur-taufe-des-ersten-neubaus-von-tui-cruises-vom-2014-03-07/
https://www.youtube.com/watch?v=QddDLNmaOFI
https://pannonien.tv/schlagernacht-2014-mit-helene-fischer/2013
https://www.tagesspiegel.de/weltspiegel/oesterreich-heimo-eitel-fall-vor-gericht-helene-fischer-soll-kranke-rentner-beleidigt-haben/11478434.html
https://www.dgm.org/muskelerkrankungen/amyotrophe-lateralsklerose-als
http://www.news.de/promis/855560358/helene-fischer-diskriminierungs-vorwuerfe-ist-als-patient-heimo-eitel-ein-alkoholiker-und-messi/1/
https://www.news.at/a/helene-fischer-klaeger-heimo-eitel-verpruegelt
https://www.krone.at/463693
https://www.krone.at/485291
https://www.abendblatt.de/kultur-live/tv-und-medien/article205259949/Helene-Fischer-ist-fuer-den-NDR-nicht-markttauglich.html
https://www.svz.de/regionales/mecklenburg-vorpommern/helene-fischer-nicht-im-ndr-id9479906.html
https://www.youtube.com/watch?v=DGLS8Crr3WY
https://www.youtube.com/watch?v=SLBotusCQkM
https://www.daserste.de/unterhaltung/krimi/tatort/specials/drehstart-fuer-tatort-doppelfolge-helene-fischer100.html
https://www.daserste.de/unterhaltung/krimi/tatort/sendung/der-grosse-schmerz-interview-helene-fischer-100.html
https://www.t-online.de/unterhaltung/tv/id_76533948/-tatort-mit-helene-fischer-sorgte-fuer-viele-diskussionen.html
https://www.youtube.com/watch?v=ezNfqa8-Rfc
https://www.n-tv.de/leute/musik/Florian-Silbereisens-unzensierter-Maennerstadl-article16795606.html
https://www.offiziellecharts.de/suche?artist_search=Klubbb3&do_search=do
https://www.youtube.com/watch?v=wCDsm_dt1cI
https://www.youtube.com/watch?v=haECT-SerHk
https://www.youtube.com/watch?v=wzDBEZvLVnc
https://www.youtube.com/watch?v=tRgsArD-HBk
https://www.youtube.com/watch?v=rd73PGVfSd0

https://www.goldenekamera.de/51-verleihung-2016/article206979193/Publi-kumswahl-Beliebtester-deutscher-Music-Act-Helene-Fischer.html
https://www.daserste.de/unterhaltung/musik/echo-2016/preistraeger/index.html
https://www.mdr.de/goldene-henne/goldene-henne-210.html
https://www.offiziellecharts.de/news/item/157-offizielle-deutsche-jahrescharts-cheerleader-war-der-erfolgreichste-song-2015
http://www.musikindustrie.de/nc/datenbank/#topSearch
https://www.helene-fischer.de/musik-sondereditionen/weihnachten
https://www.youtube.com/watch?v=40gyf-KK6Lw
https://www.bravo.de/bravo-hits
https://www.youtube.com/watch?v=2VU_c5IIxqU
https://www.facebook.com/KellyFamilyOfficial/posts/hallo-ihr-lieben-nier-ist-es-das-cover-f%C3%BCr-unser-neues-album-we-got-love-wir-hof/381805692184396/
https://www.offiziellecharts.de/album-details-323860
https://www.facebook.com/KellyFamilyOfficial/posts/we-got-platin-wir-wur-den-am-wochenende-%C3%BCberrascht-und-bekamen-die-wahrschein-lich/500288700336094/
https://www.daserste.de/unterhaltung/musik/die-feste-mit-florian-silbereisen/sen-dung/schlagercountdown-das-grosse-premierenfest-100.html
https://www.dailymotion.com/video/x5h8sr1
https://www.facebook.com/helenefischer.official/photos/a.223675977699680.611
07.116979245036021/1398526940214572/?type=3&theater
https://www.focus.de/kultur/musik/helene-fischer-grosses-geheimnis-um-ihr-neu-es-album_id_6832029.html
https://www.sueddeutsche.de/kultur/albumkritik-helene-fischer-verkauft-das-per-fideste-stueck-pop-seit-jahren-1.3502984
https://www.zeit.de/kultur/musik/2017-05/helene-fischer-neues-album-schlager
https://www.laut.de/Helene-Fischer/Alben/Helene-Fischer-106877
https://www.augsburger-allgemeine.de/kultur/Kritik-So-gut-ist-das-neue-Album-von-Helene-Fischer-id41431576.html
https://www.offiziellecharts.de/news/item/369-helene-fischer-mit-rekordstart-auf-platz-1-der-offiziellen-deutschen-charts
https://www.discogs.com/de/Helene-Fischer-Flieger-The-Mixes/release/12111019
https://www.youtube.com/watch?v=duPUi1oG1Kk
https://www.mdr.de/nachrichten/politik/inland/chronologie-ereignisse-chem-nitz-104.html
https://www.facebook.com/helenefischer.official/photos/a.223675977699680/200
6441896089737/?type=3
https://www.instagram.com/p/Bn7_wPQlcSq/?utm_source=ig_embed